「私らしく」働くこと

自分らしく生きる「仕事のカタチ」のつくり方

一田憲子

マイナビ

はじめに

仕事とは、自分の能力を使い、働いてお金を得ることだ。
「好きなことを仕事にしたい」と言うけれど、
「好き」が「お金」に変換されなければ、仕事とは呼べない。
この事実を肝に銘じておかなくてはならないと思うのだ。
いくら好きでも、いくら努力しても、
誰かが私のことを、必要と言ってくれなければ働けない……。
その冷酷なジャッジの前で、みんな悶々とする。
けれど、硬くて冷たい壁をなんとか乗り越えて
巨大で、姿が見えず、つかみどころのない社会と自分を
なんとかパイプでつなごうとする。
その回路作りが、自分の「働き方を探す」ということなのだろうと思う。

私が就職活動をしていた頃、
どの会社がどんな仕事をしているのかなんて

皆目わからなかった。
そこそこの会社に就職し、楽しく働いたけれど、何かが違うと思っていた。
編集プロダクションを経てフリーライターになっても
どうやって仕事を得て、その幅を広げ、
好きな雑誌で仕事ができるのかなんて、まったくわからなかった。
駆け出しのライターだった時代、
「私はここにいます！　誰か私を見つけて！」
と大きな声で言いたかった。
まだほんの少しの雑誌でしか書いたことがなくて、
もっともっといろんな場で仕事がしてみたくて……。
どうしたら、自分に力をつけ
みなに求められるライターになれるのかと
ジタバタしていたような気がする。
唯一確かなことは、自分でやった仕事の中で
学び、考え、それを糧に前に進むという方法だった。
私にとって仕事は、自分を掘り起こし、それがどう役に立つのかという
実験だったような気もする。

そんな中でわかってきたことがある。
どんなにちっぽけで、取るに足りないと思っても
自分の頭で考え、心で感じたことを
仕事の中に含めなければ
その仕事は決して楽しくならない……。
就業前の掃除なら、
こうしたらきれいになるんじゃないかと。
誰かに書類を渡すなら
こういう書き方だったらわかりやすいんじゃないかと。
パンを焼くなら
この食感とこの味の組み合わせがいいんじゃないかと。
仕事に「自分」をひと匙加える方法はいろいろある。

人はみんな、自分にとっての「真実」を
見つけながら生きている。
世の中では当たり前と思われていることが、
「ああ、そうか」とストンと胸の中に落ちたとき

それは「自分の真実」に変換される。
母であることや、
食べるってことや、
歩くってこと……。
魂で「あ、わかった」と実感したことは
何ものよりも強い。
そして、暮らしの中で見つけた小さな真実が
あの巨大で、得体の知れない社会と
カチッとつながったとき、
そこに人生を豊かに耕してくれる「仕事」が生まれるのだと思う。

今回7人の方に働き方についてお話を伺った。
そこには7人が見つけた真実と、7人のパイプのつなぎ方があった。
この物語が、自分の働き方を探している人や、
仕事を持たずとも、「何かを始めてみたい」と
自分の活かし方を求めている人の
小さな光となれば嬉しいなと思う。

目次

主婦からのスタート。自分の仕事を見つけるための最初の一歩は？

生活のすぐ近くにある
小さなきっかけから仕事を始める人がいる。
花が好きだから花屋に、
料理好きが高じてお惣菜屋をオープン……
といった具合だ。
でも大抵の場合、趣味とビジネスの境目を
飛び越えることは大層難しい。
「好き」だったことに「値段」をつけ
「友達」だった人が「お客様」になる。
それが「仕事にする」ということだ。
身の回りに当たり前にあることを拾い上げ、
「仕事」の種として育て上げるには、
何が必要なのだろう。

CHECK & STRIPE オーナー

在田佳代子さん

ありたかよこ

1960年生まれ。生地専門店「チェック&ストライプ」オーナー。大学卒業後、就職はせずに結婚。専業主婦だった時期に、生まれ育った兵庫県西脇市で生産された生地を、ガレージセールで販売し始める。その後「チェック&ストライプ」を立ち上げ、現在では、神戸、自由が丘、芦屋、吉祥寺に店舗を構える。
http://checkandstripe.com

仕事には「しっかりしてる」「テキパキしてる」は必要ない

在田さんに初めて会った人は、誰もが「えっ?」と驚くんじゃないだろうか。手作り好きの間では知らない人はいない生地専門店「チェック&ストライプ」オーナー。ネットショップで、オリジナル生地をアップするや否やたちまち売り切れ、神戸、自由が丘、芦屋、吉祥寺と次々に実店舗もオープン。そんなスゴ腕社長……のはずなのに、目の前に現れた人は、「私、普通の人ですから」とニコニコ笑う。話してみると、おっとりとして、これっぽっちも「やり手」感を感じさせない。この人のいったいどこに「ビジネスセンス」という回路が埋め込まれているのだろう?

「チェック&ストライプ」のそれぞれの店舗のスタッフは、みなとても感じがいい。自作のスカートやブラウスを手持ちの洋服と組み合わせてさらりと着こなし、にこやかに働いている。「うちでスタッフを採用するときはね、特に意識してはいないんですが、テキパキしているよりおっとりした人を採用しているみたい。自分のことを話すより、お客様の話を聞ける人がいいですね」と在田さんは言う。

どうやら、「しっかりしている」「テキパキしている」「やり手である」というものさしは、在田さんの仕事には必要がないようだ。え〜、それはないでしょ! と言いたくなる。仕事をするからには、「しっかりやろう」と思うのが当たり前じゃないのか?

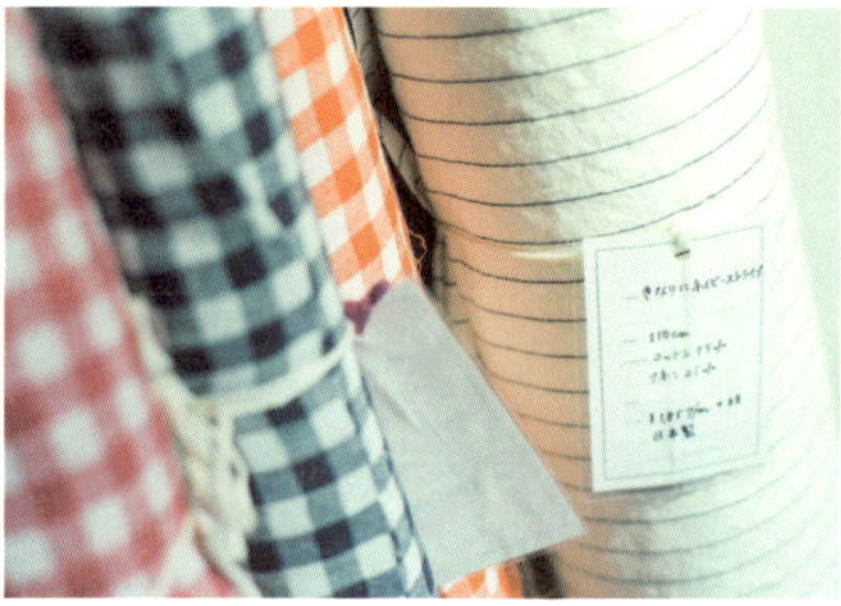

芦屋川に面した店舗は、明るい日差しが入り気持ちがいい。たまたま在田さんがタクシーでパン屋に寄ろうとしたところ、運転手さんが間違えてつけてしまったのがこの店の前だった。それが、ここに店舗を構えるきっかけに。１階の生地売り場には、オリジナルのチェックやストライプのほか、微妙な色合いのリネン・リバティプリント、冬はフランネルやツイードなどあらゆる種類の生地が揃う。ボタン、リボンなどの手芸材料の品揃えも豊富。オリジナルの型紙も販売しており、店内にはスタッフが縫ったサンプルがディスプレイされている。

13

14

チェック&ストライプオーナー　在田佳代子さん

何かを成し遂げたら声高には言わないにしても「私がやったんです」とわかってほしいし、あの子より、私の方ができると認めてほしい、と思うのはイケナイことなのか。どうやら私は「チェック&ストライプ」に採用されるのは難しいようだ……。

「私」がしたいことではなく、「あなた」がしたいことを考える

織物の産地として知られる兵庫県西脇市生まれ。両親が共働きだったこともあり、専業主婦になるのが夢だったのだという。23歳で結婚し、念願の3食昼寝つきの主婦になった。「友達を自宅に呼んで一緒にパン作りをしたり、公園の砂場でおしゃべりしたり。それは楽しい日々だったんです」と語る。へ〜、そうだったんだ、とちょっと拍子抜けしてしまった。妻や母だけでは物足りない……。そんな思いで仕事を始めたんじゃないのかな、と勝手に妄想を広げていたから。

生活が少し変わり始めたのは、長男が幼稚園に入った頃。先染めの布の商社を営んでいたご主人の実家へ帰るたび、義父が余った生地を分けてくれるようになった。

『お友達にもあげて』とたくさん持たせてくれてね。もともとシャツやブラウスを作るための生地だったので質も良く、何よりすべてがシンプルだったんですよ。当時生地屋さんに売っているのは、キャラクターやファンシーな色柄が多く、〝普通〟の生地がありそうでなかった。だから、無地やストライプやチェックといったごくシン

プルな生地がとっても喜ばれたんです」。

実家に帰るたびに生地をもらい、近所の人に配って……を繰り返していたが、そのうちに友人が、「ちゃんと販売したらいいやん」と言ってくれるようになった。そこで、毎週水曜日、自宅でガレージセールを始めたのだ。ガレージの床にシートを敷いて、生地を並べ、売り切れたらまた車で実家へ向かい、生地を積んで帰ってくる……。街中の生地屋と比べてダントツに安い。集まってくるお客様はみんな大喜びだ。評判は口コミでどんどん広がり、わざわざ遠くからも人が集まるようになった。在田さんは、友人に手伝ってもらい、夢中になってその準備をしたのだという。

仕事の基本は反射神経かもしれないなと思う。生地屋でも、パン屋でも、はたまた出版社や電機メーカーなどの企業でも……。お客様が何に喜んでくれるか知り、それに応えようとする。それが「ビジネスの原型」で、きっとどんな職種でも同じなのだ。必要なのは気づいてすぐに動き出すこと。その反応は早ければ早いほどいいし、応えがみんなの好みと近ければ近いほどいい。その反射神経が在田さんはきっと抜群だったのだと思う。

ともすれば、多くの人は「みんな」のことではなく「自分」のことを考える。「あなた」がどうしたいかではなく「私」がどうしたいかでものごとを決める。けれど、在田さんは「みんなが喜んでくれたら、つい調子にのってしまって」と笑う。判断の基準を自分の外に持つ……。それが自然にできてしまうのが、在田さんのすごさだ。

ガレージセールに集まってくるお客様は、当然のことだが手作りが好きな主婦が中心だ。すると、買った生地で洋服やバッグを作っては見せてくれる人が現れ始めた。

「びっくりするほど上手だったんですよ。『わ〜、すごいね〜。こんなに上手だったら、お店のディスプレイ用に縫ってくれませんか？』ってお願いすることにしました。そして、『この生地でこんなものできました』って、ワンピースやバッグをガレージの壁に吊るしておくんです。すると、また生地が売れるんですよ」。

ここに在田さんのもうひとつの才能がある。周りにいる人の「得意」を見抜く。それを「すごいね〜」と心から褒める。さらに、「その力貸して〜」と頼む。この3つをさらりとやってのけるのだ。今回のインタビューで改めて「こんなに仕事が順調にいったのはどうしてだと思いますか？」と聞いてみた。

「それは、私が何にもできなかったからだと思います。できないからこそ、できる人に出会うたびに感動する。『え〜すごい！　こんなん縫ったん？』『このラッピングかわいいね〜』『私にはできない、手伝って〜！』。プライドがないから素直にそう言える。これがもし、自分が『できる』と思っていたら、『なによ、そのラッピング』とか『その縫い目曲がってるでしょ』とか粗探しばかりしていたかもしれませんね」。

なるほどこれが、「しっかりしない」「テキパキしない」という在田さんの仕事の仕方の本質らしい。私の周りでも、大きな仕事をしている人はみな、自分の姿を小さくして周りの力を活かしている。けれど、実は私はコレが大層苦手だ。人に仕事を振るのが苦手。誰かにものを頼むより、無理をしても自分でやってしまった方が気楽……。つまりは周りの人を信頼していないのだ。その結果、ひとりで頑張りすぎて結局は疲れてしまう。「ねえ、ちょっと手伝って」の一言が言えない人は、意外に多いんじゃないだろうか？　ここから抜け出すには「練習」しかない、と最近思うようになった。

17

オリジナルの裁ちばさみは、クロームの含有量が多いので、錆びにくく、切れ味が長持ちするのが特長。持ち手がネイビーでオリジナルの刻印つき。型押しのロゴが入った箱入りで販売されている。

生地だけではなく、在田さんが出会った人と共にコラボレーションでもの作りも。右は器作家のイイホシユミコさんに作ってもらったカフェオレボウル。ライムグレー、レモンイエロー、マンダリンイエローと、さわやかな色で少し印象が違う3色を作った。下は、芦屋の紅茶専門店「ウーフ」で作ってもらったオリジナルティー。スパイスやフルーツをブレンドした豊かな香りと味わいが特徴。

チェック&ストライプオーナー　在田佳代子さん

とにかく「え～い、お願い！」と人に手渡してみる。すると、自分では思いつきもしなかったやり方で、仕事を仕上げてくれる人がいたり、拙いけれど一生懸命手伝ってくれるその姿に、なんだか心が熱くなったり……。「なんだ、任せても大丈夫じゃん」。そんな成功体験が、自分の荷物を誰かと分け合う第一歩にきっとなる。ポイポイと荷物を投げられるようになると、自分の力だけではできなかったことが実現し始める。それは、本当に幸せな体験だ。仕事を成熟させる上で、「ひとりで頑張らない」ことは大切なポイントなのだと思う。

今の仕事には、きっと「もうひとつ」の方法がある

朝起きて、毎日当たり前のように仕事を始める。いつ、何を、どうするかという流れは、だいたい決まっていることだろう。けれど、そんないつもの仕事を、空の上から見てみたら……。まったく同じ仕事なのだけれど、もっと面白く、もっと幅広く取り組める新たな方法が見つかるかもしれない。今、私が気づいていないあの方法で同じ仕事をしてみたら、人生がガラリと変わるかもしれない……。つまり、仕事は「や

地下はミシンを揃えたワークショップスペース。布作家の石川ゆみさん、井上アコさんなどを招いて開催する教室は、いつも大盛況なのだとか。手作りだけでなく、紅茶の淹れ方や、花あしらい、リース作りなど、さまざまなジャンルのワークショップを行なっている。

左／毎週各ショップから、その日あったことの報告書が届く。お客様の声は、次のもの作りのヒントに。中央／カーボンつきのメモを使用。相手に渡すと同時に、自分の手元にも記録が残って便利。右／持ち歩くのは、この小さな手帳のみ。

り方」でその質をまったく変えることができるんじゃないかと思う。

在田さんが見つけた「もうひとつの方法」は、生地の通信販売だった。ガレージセールはやがて近所の集会所へと場所を移し、新居を建てたのを機に自宅ショップをオープン。ここまでは、「普通の人」でもできることだ。けれど、単なる街の生地屋ではなく、全国に知られる人気店へと成長するきっかけが、この頃始めた「通信販売」だった。ただし当初、そのやり方はきわめて原始的だった。

「お客様が『妹が地方にいるんです』とか『友達が生地見本を見たいって言ってるんです』と言ってくれて。だったらと、器用な友達が、1~20までのマス目を描いて、そこに端切れを貼って、見本帳を作ってくれました。それを送って注文をとり、あのチェックを何メートル、こっちを何メートルって、注文してもらうんです。そして、生地を切って段ボールに詰めて送る。この見本帳を作ってくれていた友達は、今なおうちの会社で働いてくれている、おにゃんこNo2なんです」と笑う。

そして、この「原始的な」方法は、やがてネットショップへと姿を変えていく。たまたま店に来たお客様のひとりに、「私のホームページ内に布販売のページを作ってあげましょうか?」と言われ、「なんだかわからないけれど、お願いします!」と頼むことになった。やがて「やっぱり自分でやらなきゃダメだ」と何も知らないままパソコンを買ったそうだ。「いつも何かを始めようとしたら、不思議と助けてくれる人が現れるんですよ」と在田さん。たまたま友人の隣に住む人がパソコンに詳しく、ホームページの作り方を教えてくれることになった。

私だったら、まったく知らないパソコンの中の世界へと足を踏み入れることはきっ

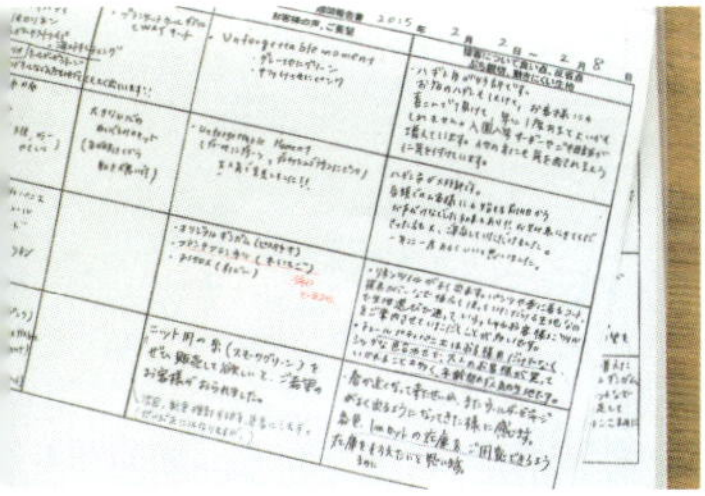
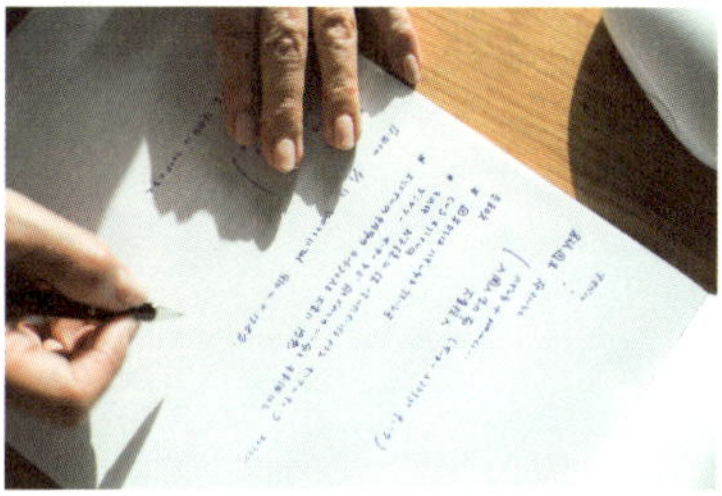

としなかっただろうなあと思う。もう少しあたりを見渡して、観察し、本当に必要なんだろうか、とときをおく。今から20年ほど前、ホームページ制作なんて、まったく未知の世界だったに違いない。そんな垣根をひょいと飛び越えて、「うちの生地を待っていてくれる人がいる」という直感だけでGOを出す。その潔いアクセルの踏み方には驚くばかりだ。人はどうしても「慎重」というブレーキを踏みがちだ。それは、失敗が怖いから。でも、在田さんは「自分に自信がないから、失敗したって当たり前。プライドがないから、間違えたって平気」と笑う。そんな姿勢が大きなエネルギーを生み出していた。

怖いもの知らず……。それは人付き合いでも同じだそうだ。自分の手が届かない世界にいる異業種の人々とも、気がつくと仲良くなっている……。これも在田さんの大きな特技のひとつだろう。「みんなが苦手と思っている人と話をするのが好きですね。小さいときにね、父や母からね、『怖い人ほどいいお医者さんなんやで』と言われて育ったんです。一見怖い人ほど心が温かいって。いい人っていうのはニコニコ笑っているとは限らない。あなたは、ブスッとしていても優しい人についていきなさいって。だからでしょうか？　私はいつもちょっと厳しい人に惹かれるんです。叱られたり、ちくりと痛いことを言ってくれる。そんな人と一緒にいると、とっても勉強になるんですよね」。

人は失敗することで成長する……。そんな当たり前のことに気づいたのはごく最近のことだ。たとえばおしゃれになりたい、と思ったら、いろんな洋服を自分で組み合わせ、着てみて「なんだか決まらない」とがっかりし……。そんな経験を積み重ねて

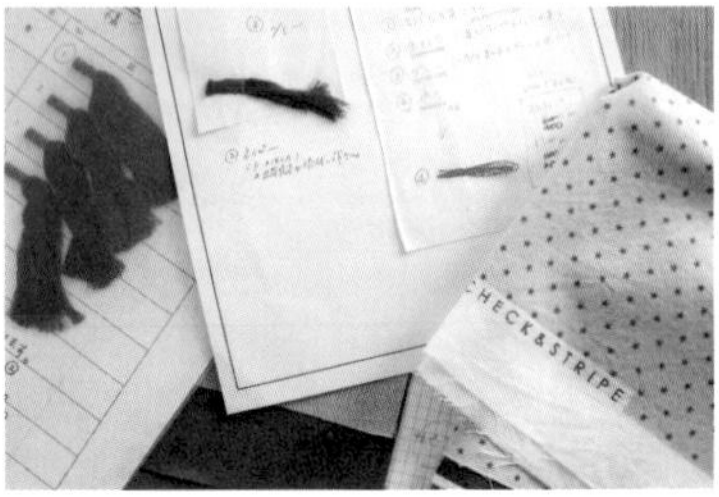

おしゃれ度を上げていく。つまり、失敗しないと、「どこが悪いのか」に気づけないのだ。私たちは大抵「失敗しないように」とあれこれ先手を打つ。でも、上手に生きるより、失敗して「あちゃ～」と頭をかき、そこで身を以て学んだことで、新たなステージへ上がれることもある。失敗は、人生のステップを一段上がるために必要なプロセスなのだ。

「チェック&ストライプ」のネットショップは大当たりする。当時はまだ「買い物かご」のような設定がなかったので、ホームページに商品をアップすると、メールが続々と入ってくる。友達がスタンバイしてくれ、どの生地を何メートルと、正の字でカウントし、売り切れるとすぐに「sold out」の表示をしてアップする。そのアクセス数たるや、想像をはるかに超えていたそうだ。

在田さんはこのとき、生地のひとつひとつに名前をつけた。「茶色のギンガムチェックだったら『カフェオレ』とかね。かわいい名前をあれこれ考えたんです。今まで名無しの生地だったのに、名前をつけることで愛着が湧いて、生地の個性を伝えやすくなったんです」。同時にネット上の掲示板も活用し始めた。つまり一方的に売るだけではなく、お客様とのコミュニケーションの場を作ったのだ。ここではお客様の作品も紹介した。当時、ラブラドールレトリバーを飼っていたので、ハンドルネームを「ラブ」と決め、お客様からメッセージが届くと、ひとつひとつ返事を書いたのだという。そこには仕事以外のことも多かった。「たとえば、『ルクルーゼの鍋を買いました。ラブさんは何センチのをお使いですか?』とくる。だから『私のは25センチですよ。これでおでんも作ってま～す』と返事をするわけです」と在田さん。つまり、生地と共

23 芦屋店にて。普段は店に立つことはめったになく、スタッフに任せている。仕事の合間に立ち寄ったときに、掃除が行き届いているか、生地の並べ方は見やすいかなどをチェックすることも。

芦屋店のスタッフたち。在田さんを囲んでみんな仲良し。

に、主婦たちに「日常の中のワクワク」をも提供していたのだ。２００６年に神戸の北野に「チェック&ストライプ」１号店をオープンしたときには、全国から人が集まり、開店前から大行列ができたのだという。

その後の躍進は多くの人の知るところだ。阪急百貨店内に出店をしたり、(株)リバティジャパンと提携してオリジナル生地を作ったり。センスのいい洋服の型紙や、美しい写真と共に作り方を紹介した書籍も人気だ。そして、２０１０年から、自由が丘、芦屋、吉祥寺と次々に直営店をオープンさせて今に至る。最近では、布作家を招いてのソーイング教室や、手芸以外の、おいしい紅茶の淹れ方、花あしらいなど、多彩なワークショップも開催している。

のほほ〜んとしている方がいい。しっかりしていなくていい。プライドはない方がいい……。自分を手放したとき、「できること」は倍増する。この法則を私は在田さんに教えてもらった。「私ができることなんてごくわずか」。そう知ったとき初めて、自分の周りに素晴らしい力が満ちていることに気づく。その力と力を結んでいけば、どんな夢だって実現する……。そう知ると、なんだかワクワクしてくる。ずっと「私が！」と肩に力を入れて仕事をしてきたけれど、「ま、いいか」とちょっと一休みしてみたくなった。

三越伊勢丹　婦人服アシスタントバイヤー

原田陽子さん　46歳

1 あなたの仕事はどんな仕事ですか？
仕事内容について教えてください。

小売り百貨店の商品仕入れ担当。ショップの対象顧客に向けて品揃えし、イベントなど企画の組み立てを行ないます。

2 どうしてこの仕事を
選んだのですか？

子どもの頃から家中のモノを包むことや、食器棚内のレイアウトを変えたり、ディスプレイ的なことが好きだったから。

3 この仕事に就く前の
職歴を教えてください。

新卒後、27年変わらず働いてます。

4 この仕事をしていて「良かったな」と
思うことはなんですか？

◦自分以外の人の成長の手助けや、その成長を共に喜べること。私自身も歴代の先輩方に助けてもらい、たくさんの仕事の仕方、人としての在り方を教わりました。
◦いろいろなイベントを企画し、店頭でお客様から「手に取ってみたいと思っていたブランドや作品に、ここで出会うことができてうれしかった」「次の企画もチェックして来店します」と言われたときに喜びを感じます。

5 いちばん苦労するのは
どんなことですか？

やりたいこと、成功させたいことを表現する熱意やこだわりを持ったまま、まわりを巻き込み同じ温度感を感じて実行してもらうこと。

6 「自分らしく働く」とは
どんなことだと思いますか？

◦ こだわる
◦ 妥協しない
◦ 仲間を理解する

7 あなたにとってのスキルアップは
どんなことですか？

今を知ること。異業種の方々やさまざまな世界の方とお話したり、いいなと思ったものを実際に買って使ってみて、経験を積むことですね。

8 仕事と暮らしのバランスは
どうやってとっていますか？

休めるときに、気心知れた友と旅に出ること(しかも同じ国に行き続ける)。普段は仕事に集中して、休日は好きなことに集中しています。

9 時間の使い方で工夫していることが
あれば教えてください

今日絶対やることベスト3は何が起こってもやる！　“やる気”で時間を作るようにします。

人生の後半で仕事の第2ステージの見つけ方は？

人はいったい何歳まで
生き生きと働くことができるのだろう？
せっかく積み上げてきたキャリアも
年齢というタイムリミットで
手放さなければならないのだろうか？
たとえ今までと同じように
仕事ができなくても
ギアチェンジをすることで、
今まで育ててきた〝私〟を
上手に使うことができたら……。
歳をとれば、できないことが増える。
けれどまあ、しょうがないさと
笑いながら人生の後半を生きるには、
どうしたらいいのだろう？

かつやなつみ
1954年生まれ。テレビCMプランナーの仕事を経て、28歳のとき(株)マガジンハウスに入社。雑誌『クロワッサン』の編集長を務める。書籍編集部、『ダカーポ』を経て、早期退職。2011年、代官山 T-SITE の代官山 蔦屋書店がオープンする際に同社に入社。料理部門のコンシェルジュとして活躍。現在は湘南 T-SITE が主な担当。2店舗を行き来し忙しい日々を送る。

蔦屋書店勤務

勝屋なつみさん

どんな仕事がしたいのか
初めからわかっている人なんていない

43歳でマガジンハウスで雑誌『クロワッサン』の編集長を務め、55歳のとき早期退職者優遇制度で退社。57歳で蔦屋書店に入社。料理部門のコンシェルジュとして、「代官山 蔦屋書店」を成功に導いたスタッフのひとりが勝屋なつみさんだ。そのきっかけは、たまたま開いた朝刊の一面広告だったのだという。『急募。代官山を面白くできる人、２５０人』という蔦屋書店の一面広告がありました。この会社は、何を考えてるんだろう？　というのが正直な感想でしたね。だって、全国で書店はどんどんつぶれていて、斜陽産業になっているでしょう？　どういう考えで、何をしようとしているのか？　それを知りたくて、応募してみることにしたんです」と語る。

好奇心×行動力。つまり「へ～っ！」と思って「パッ」と行動する。その心と体の回路がシンプルであればあるほど、人はストレスなく自分の力を発揮できるのかなと思う。多くの場合「へ～っ！」と感動したその後に、「でも、もうこんな年齢だし」とか「でも、やったことがないジャンルだし」と、いくつもの「でも」をプラスして、結局「行動」までたどりつかない。どうやら、勝屋さんの回路は、キャリアを積んでも、年齢を重ねても、接続が抜群にいいらしい。いったいどうしたら、心配や見栄や常識という不純物を取り除き、自分の回路をピュアに保つことができるのだろう？

書店と30軒あまりのショップがシームレスにつながっているのが、湘南T-SITEの特徴。勝屋さんが手がける料理書のフロアーはスローライフ、スローフードの提案をしている。

勝屋さんはおしゃべりだ。一度話し出すと止まらない。その話題の多彩なこと！聞いているとぐんぐんと話に引き込まれて、気がつけば1～2時間なんてすぐにたってしまう。けれど、その印象は〝社交的〟というのとはちょっと違うのだ。話し方はどちらかといえばぶっきらぼう。なのに「なるほど～」と膝を打って聞き惚れてしまう。それはきっと、そこにまったく〝おべんちゃら〟がないからだ。つまり、勝屋さんが語ることは、すべて勝屋さんの経験そのもの。逆にいえば、経験したことでないと語れない。だから、その話はどれも真実で、思わず「ああ、わかる！」と唸るような実感に満ちている。経験と検証を繰り返し、納得して自分にストックする、そんなプロセスを経て生まれるお話を聞いていると、いったいこの人は、今まで何を見、どんなことに興味を持ってきたのかな？　と、勝屋さん自身をますます知りたくなるのだ。

マガジンハウスを退職後しばらくは、知り合いに頼まれた本の執筆を手がけていたそうだ。ちょうどそんなとき、例の朝刊広告を見つけた。物怖じしない性格なので、社長面接でもひとりでしゃべりまくり、見事に合格した。「受かるなんて、思ってもいませんでした。ちょうどその頃母親の体の具合が急に悪くなって。病院に行ったら末期ガンでした。看病もあるし、受かっても、働くのは無理だなあと思って。ところが、そのとき母がこう言ったんです。『この歳になって、新しいことに挑戦するなんて、あんたはえらい』って。うちの母はめったに子どもを褒める人ではなかったので、その言葉に驚きました。そして、離婚をして、子どもがふたりいて、会社を辞めて……。そんな私を実は心配してくれていたんだなと知ったんです。母親が喜ぶから。それが、私が最終的に入社を決意した理由ですね」と語る。

自分はどんな仕事がしたいのか……。それを初めからわかっている人なんて、ごくわずかなんじゃないだろうか。たとえ「これがしたい」と選んでみても、実際にその仕事で何をするのかは、やってみないとわからない。お弁当屋だからといって、おかずを作ることだけが仕事ではない。献立を考え、原価率を考えながら仕入れをして、調理し、買ってもらえるような並べ方を工夫し、お客様と今日のおすすめについて話をする……。その一連の作業の中で、苦手なこともあれば得意なこともあるだろう。10個大変なことがあったとしても、たった1個の「ああ、この仕事をやっていて良かった」という思いですべてを乗り越えられたりもする。人は仕事をしながら、その内容をだんだんと理解し、ひとつずつ自分らしい仕事のやり方を見つけ出し、仕事と共に自身を成長させていく。もしかしたら、最初に「仕事ってこういうもの」とわかってしまったら、働く面白さは半減してしまうのかもしれない。自分にとって、その仕事がどんな意味を持つのか、どんな存在になっていくのか。それを知っていく過程こそ、働く楽しさのような気がする。

どんな仕事にもA面とB面がある

入社して、何より大変だったのは、なんとレジ打ちだったのだという。蔦屋書店のレジは、ただ売り上げを打ち込むだけでなく、Tカードの入会手続きから、DVDやCDのレンタル、本の検索まで、勝屋さん曰く。世界一複雑だそうだ。毎日立ちっぱ

勝屋さんが取り上げた『ごちそうマリネ』（河出書房新社）は、代官山 蔦屋書店のオープン以来、売り上げベスト1になり、テレビでも取り上げられた。

なしで8時間繰り返すその作業は緊張の連続で、3か月で7キロも痩せてしまった。

「書店ダイエットって言っていたんですけどね」と当の本人は笑う。

「接客業はいまだに向いていないと思いますね。にっこり笑って『いらっしゃいませ』がなかなか言えない。9大接客用語というものがあるんです。『いらっしゃいませ』『少々お待ちください』『ありがとうございました』などなど。その中にある『恐れ入ります』と『かしこまりました』というふたつは、私がこれまで生きてきた中で、使ったことがない言葉でした。そこで、はたと気づいたんです。私は編集者として、いろんな方にインタビューをし、敬語も使ってきたけれど、どんなにえらい政治家でも、有名芸能人でも、対等な立場で話を聞いていたんだと。書店員とお客様は対等じゃない。人生で初めて使う言葉って、なかなか出てこないものなんです」。

どんな仕事にもA面とB面がある。レストランでお客様に料理をサーブする裏には、朝から仕込みをする地道な時間がある。雑貨屋のディスプレイの裏には、検品し値札を貼るという作業がある。書店員も同じだ。蔦屋書店は従来の街中の書店とは違い、自分たちで選書をし、編集し、並べるというスタイルによって注目を集めた。勝屋さんもそのコンシェルジュとして、主に料理書を担当。日本中が注目する話題の書店の「顔」を作る仕事は一見華やかだ。でも、B面にはさまざまな雑務がある。いくらキャリアがあっても、年齢が上でも「A面だけしかやらない」のは許されない。もしかしたら、楽しく仕事をするためには、本当にやりたいこと＝A面より、できればやりたくないこと＝B面とどう向き合うかが大事なのかもしれない。

仕事を続けていく上で「これは私が自分で選んだ仕事」という自覚は、何よりの力になると思う。私がOLを経てフリーライターになったとき、その不安定な仕事に両親は反対した。それを押し切ってやってきたからこそ、どんなに大変なB面の仕事でも「これは私が選んだことだから」と乗り越えられたのだと思う。そして、その自覚と共に向き合うと、一見雑務に思えるB面の中にも〝意味〟を見つけることができる。作業をしながら「これは、こうした方が能率いいし」とか「あれをやっておけば、これがうまくいく」と考えて、プロセスを組み立てることで、自分らしい仕事の仕方を生み出すこともできる。地道なB面時間を楽しめるようになったとき、きっとその仕事のやりがいはぐんとアップするのだと思う。

20代には20代のベスト、50代には50代のベストがある

日本大学芸術学部で映画を専攻し、卒業後は東映の撮影所内にある小さなプロダクションに入社。テレビのフィルム編集が最初の仕事だったそうだ。その後広告を制作するコマーシャルプロダクションに転職。でも……。「広告って嘘をつくのが仕事でしょう？　私ね、すっごく正直者なんです(笑)。だから良くないものでもいいって言わなくちゃいけないのがつらくなって」と勝屋さん。ちょうどそんな頃、雑誌で平凡社（現在のマガジンハウス）の社員募集を見つけて、応募してみることにした。「まずは、市販の履歴書を買いに行きました。ところが、『得意な科目』の欄には、特技なんてないから何も書くことがない。普通免許しか持っていないから、『資格の欄』に

も書くことがない……。仕方がなくて、自分でピンク色の紙に罫線を引いて、好きなことと嫌いなことを書いて提出しました」。

なんとなんと！　履歴書にピンク色の紙なんて！　さらに、書類選考には作文もあった。「自分が作りたい雑誌を書きなさい」という課題だった。勝屋さんは、当時大好きだったという倉本聰さんのテレビドラマ「きみは海を見たか」で毎回流れていた谷川俊太郎さんの「生きる」という詩をそこに記し、最後に「私はこういう雑誌を作りたい」と結んだのだという。この社員募集では、明治大学の校舎を借り切って試験が行なわれるほどの応募があったそうだ。その難関を見事勝ち残り採用された。そして配属されたのがクロワッサン編集部だったのだ。

人は遠くにあるものがよく見えて、すでに手にしているものになかなか気づくことができない。毎週見ているドラマで流れる一編の詩を「いいなあ」と噛み締め、それを試験の答案に堂々と出す。それはなかなかできることじゃないと思う。リモコンを押せば、溢れる情報がお茶の間に流れ出す。その中で、谷川さんの詩に心震わせていた勝屋さんの姿が目に浮かんでくる。きっと勝屋さんは、新聞広告のチラシからでも、近所のおばちゃんたちの井戸端会議からでも、人生を変えるほどの「言葉」を拾い上げることができる人なのだろうなあ。立派な本の中に立派な言葉があるとは限らない。不要なフィルターをはずし、平らかな目で見渡せば、人が歩んでいく糧となるヒントは、そこここにある。要は気づくか、気づかないかなのだ。

いざ、編集部で仕事を始めると、仕事の仕方を誰も何も教えてくれなかった。まずは「企画を考えてこい」と言われる。その中のいくつかが採用されると、今度は「取

湘南T-SITEでは、「スローフード」をテーマとした数々のショップやレストランを誘致。こちらは、自家製のパテやソーセージをはじめ、全国の自然栽培の農家から直接届く素材を使ってフレンチのお惣菜にしたてた「ターブル・オギノ」。食べることが何より好きという勝屋さん。仕事の合間の食事も、素早くおいしく！

材する人選をしろ」と言う。高倉健、吉永小百合、森光子……。かつてはテレビ広告の世界にいた勝屋さんが思いつくのは、大御所ばかりだった。リストアップして見せに行くと「じゃあ、上から順番にあたってみて」といとも簡単に命じられた。「まさか自分でアポイントをとるなんて思ってもいませんでした。仕方がないから、ドキドキしながら事務所に電話をかけて、でも当然断られて」と笑う。

初日は全敗。帰りの電車の中で「この仕事は絶対に向いていない」と落ち込んだ。しかし2日目。当時、映画「戦場のメリークリスマス」が大当たりしていた大島渚監督からすぐにOKが出た。わけがかわらないままテープレコーダーを持って取材にかけつけた。次は和田アキ子さん。その次は市原悦子さん。インタビューが終わると今度は原稿を書く。「生まれて初めて書いた原稿なのに、誰もチェックしてくれなくて、編集長に『お願いだから見てください』と頼みました。バッサリと不要な部分をカットされましたね。今考えてもひどい原稿だったし、本当に大変だったけど、人に話を聞くのっていうのは、本当に面白い仕事だったと思います」。

人にはそれぞれの成長の段階で、〝そのときのベスト〟がある。20歳のベスト、30歳のベスト、50歳のベスト……。私が20代のときに書いた原稿は、きっと拙くて、どうしようもない仕上がりだっただろう。けれど、当時の私にとって、それが〝ベスト〟だった。今の方が、きっと完成度が高いはず。けれど、そのたどたどしい文章から、当時の自分の精一杯さがにじみ出ていて愛おしくなる。そして、改めて思うのだ。20代の〝ベスト〟は、今の〝ベスト〟に決して劣っていないと。「これでよし」と自分に自分でOKを出すのはなかなか難しいものだ。どうしても「まだまだ」「私なんて」と

言いたくなる。でも、完成度だけを求めていたら、いつまでたっても「できました！」と差し出すことができない。「出さない」力は、評価を受けることなく死んでいく。たとえ、「全然ダメ！」と言われようが、言われたショックで自分が磨かれる。未成熟でも、そのときどきの〝ベスト〟を腹をくくって出す。そうしなければ、次の〝ベスト〟へと階段を上ることができないのだと思う。

「この仕事だから面白い」のではなく、どんな仕事でも「やり方」で面白くなる

ようやく編集の仕事に慣れてきた頃、勝屋さんは新聞で小さな記事を見つけた。世田谷の青果店が、その日の特売品の野菜で簡単な料理を作って店頭に出し、そこで「野菜の料理教室」をやっているのだという。「売っているわけじゃないんです。お客さんに食べてもらって、この野菜でこうやって作ればいいと教えてくれるわけ。面白いなあと思いましたね」。どうしても取材したくて企画を出した。でも、なかなか通らない。5回目に「仕事」という切り口のテーマにし、やっと通って取材に行ったそうだ。「その取材で、『おかずはね、安くって、簡単で、栄養があって、おいしくなくちゃ』ということを教えていただいたんです。この言葉に、感銘を受けましたね。それで今度は『クロワッサンの尊敬する八百屋の前田さんのおじさんとおばさん』というページを10ページ作りました。このとき習ったこと、今だにやってますよ。かぼちゃ

には砂糖をかけておいておくと水分が出る。だから水を入れずに炊くといいとかね」

勝屋さんはこのとき、その後の仕事の姿勢を決める大切なことを教わったのだという。「前田さんの働き方を見たり、話を聞きながら気がついたんです。仕事というものは、『この仕事だから面白い』のではなくて、どんな仕事でも、その『やり方』によって面白くなるんだって」。野菜を売るのが青果店の仕事だ。けれど「野菜を買って帰ってもらった先のことを考える」という独自の視点を持ち、仕入れた野菜でおかずを作るという「やり方」を思いつく。すると野菜の売れ行きは伸びるし、お客様は喜ぶし、それを仕掛けた自分もワクワクするというプラスの連鎖が始まる。仕事の中に「自分」をひと匙入れること……。その効き目はきっと計り知れないのだと思う。そして、もし「本当はあの仕事がやりたかったけれど、今はこの仕事しかできなくて」という状況でも、その〝ひと匙〟はきっと有効だ。イマイチ乗り気になれない仕事も、「なんだか面白くなってきた」と、味わいを変えるかもしれない。

当時勝屋さんは「読者アンケート」のページを担当していた。どの特集が良かったかを尋ねるのが目的だったが、編集長と相談して「あなたの家のいつものお物菜を教えてください」という質問をプラスすることにした。「山形の〝だし〟を知ったのもそのアンケートでした。その地方ならではのおかずがたくさんあって、すごく面白かったんです」。その後、『クロワッサン』200号記念で、再度お惣菜のアンケートを取り、誌面に採用されると3万円プレゼントという記念企画を作った。段ボール何箱分もの応募があり、その中からおいしそうなものを選び出し、料理研究家に作ってもらい、「読者のお惣菜」というページを作った。これが大反響を呼び、『クロワッサン』

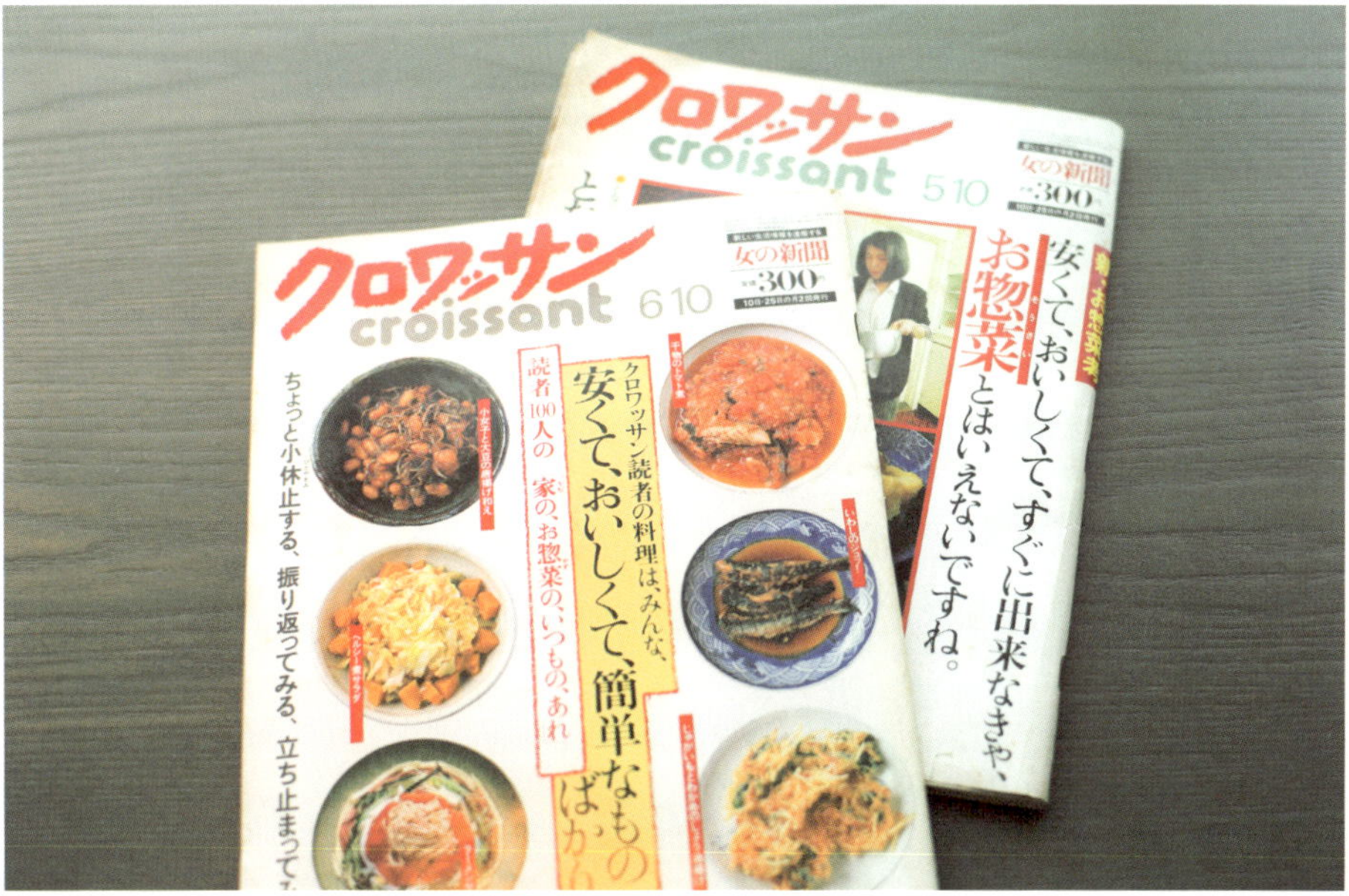

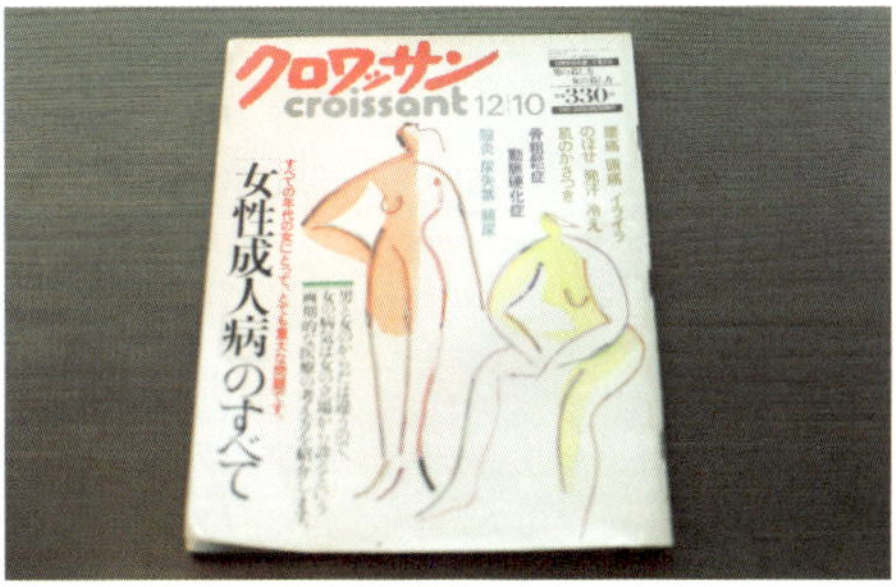

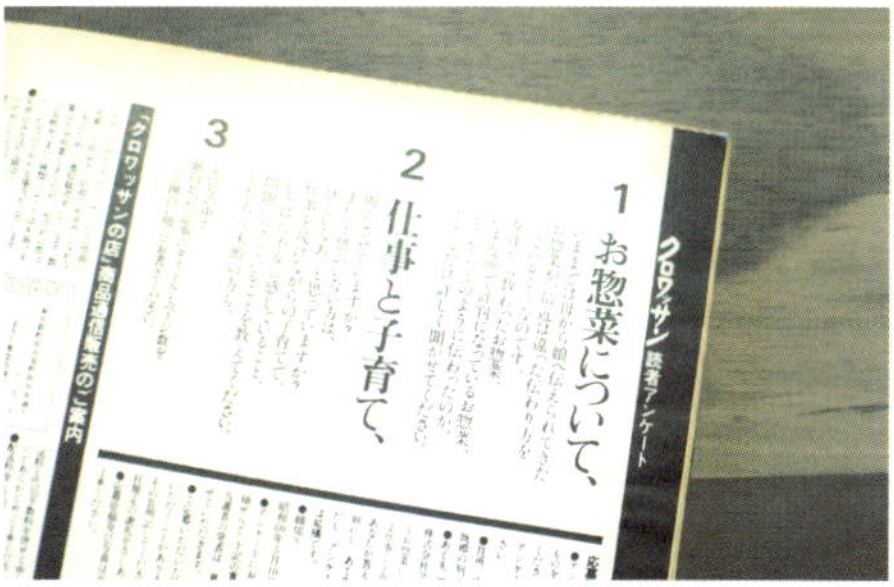

上／『クロワッサン』の読者アンケートから誕生した「読者のお惣菜」特集は大評判となった。中左／雑誌で初めて女性ホルモンという視点で女性の「イライラする」「眠れない」といった不定愁訴、更年期を紹介したのも勝屋さんの仕事。下右／勝屋さんがマガジンハウスに入社して初めて仕事をした『クロワッサン』。市原悦子さん、大島渚さんなどの記事を担当した。左下／ダカーポ編集部時代は、女性誌の重さを測って分析するという面白い記事も。

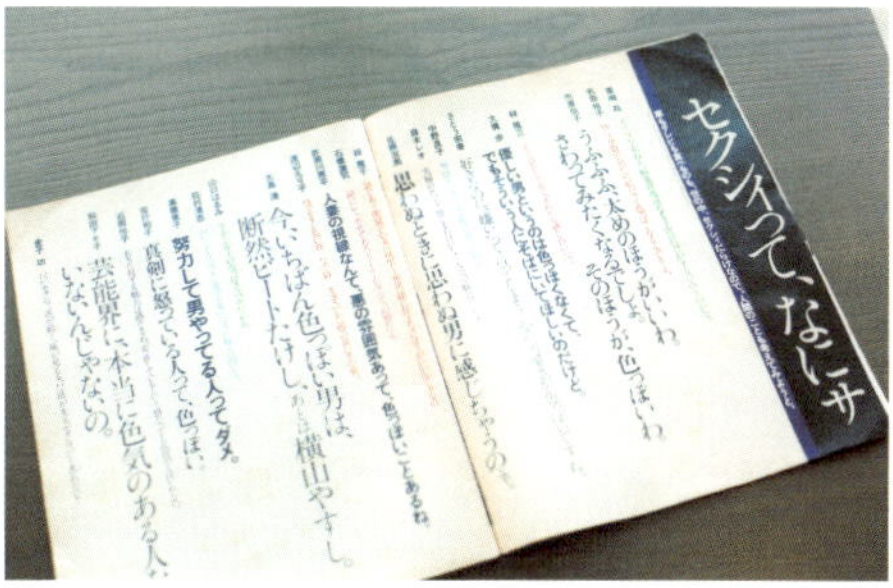

は売り上げが倍増したのだという。

勝屋さんはマガジンハウス入社前に結婚。入社後32歳で第一子を、35歳で第二子を出産した。当時編集部に居ながら子どもを産み、復帰した女性は初めてだったのだという。入稿日の2日間だけは徹夜をするので夫にお迎えを頼み、そのほかはほとんど夜7〜8時には帰宅した。「10時ぐらいまで預かってくれる保育園だったので、どうしてものときは延長しました。職場の環境にも恵まれていましたね。上司も『早く帰れ』と言ってくれましたから。ただ反面『次に続く人のために、あなたが仕事に手を抜いちゃだめだよ』と言われましたけど」。子育て期間中は、世の中で何が流行っているかもほとんど知らないほど、家と職場の行き来だけで時間が飛ぶように過ぎていった。「スマップがデビューしたことすら知りませんでしたから」と笑う。

その後一旦書籍編集部へ。43歳で編集長として『クロワッサン』へ戻る。就任第一号で、取り上げたテーマが「40代からの恋」だった。「編集長に任命されたとき、まだ書籍部にいたので少し時間があったんです。それで、子育て時代に話題になっていたものの、全然見ることができなかったテレビドラマのDVDを借りてきました。その中にあったのが、木村拓哉さん主演の「ロングバケーション」だったんです。そうしたらハマっちゃってね〜（笑）。そこで、木村拓哉さんに夢中になっている人たちに誌面に出てもらい、40代からの恋についての特集を組んだんです。編集部内からは『不倫のすすめか！』と大反対されたんですけどね」と笑う。

心がツンと刺激され、ハッと何かに気づいて、自分の内側で新たな扉が開くことがある。けれど、その感動を、何かコトを起こすためのパワーに変換するのは難しい。

「そんなことできっこないよね」と諦めてしまったり、「売り上げのことも考えないといけないし」と現実の条件と照らし合わせて、途中で投げ出したり。でも、仕事のいちばんの醍醐味は、自分の心を動かした〝何か〟を、今の生活に取り入れていかに〝現実化〟するか、なんじゃないだろうか？　せっかく心が震える想いを味わっても、次々に押し寄せる新たな情報によって、あっという間に〝あの想い〟を過去のものにしてしまう。〝過去〟という引き出しの隅っこにしまわれた想いは、そこにしまったことさえ忘れ去られ、風化して〝なかったこと〟になってしまう。私たちの心には、そうやって輝きを失った〝宝物のゴミ〟がたまっている。

感動は「使う」ことでその賞味期限が延長されるんじゃないかなと思う。勝屋さんにとって「ロンバケ」は、余暇の時間を過ごすために見た単なるテレビ番組のひとつだった。けれど、そこで繰り広げられていた「大人の恋」にワクワクし、心がザワザワと波立って、「私の生活には、何かが足りない」と感じる……。そして〝欠けたピース〟を探したくなる。そんなプロセスの中で、「感動」が長持ちしていくと思うのだ。もしかしたら「恋のワクワク」を探しているつもりでも、見つけたときには、まったく別物になっているかもしれない。「あれほど心がキュンとする何かがあったらいいのに」とあたりを探してみて、何かを拾い上げ、カチリとはめてみる。そうやって、心を満たすものを見つけ出す作業そのものが快感なのだ。

たまたま見たテレビのドキュメンタリーで、友達と出かけた映画で……という私たちの感動は、たぶん仕事とはまったく関係がない。けれど、仕事だから仕事モードで考えるのではなく、ご飯を食べながら、洗濯をしながら、お風呂に入りながら、ふと気づいたこと、感じたことから見つけ出した「本当のこと」から、自分の仕事に活かせるエキスを抽出できたらいいなあと思う。そんな濃縮エキスを振りかけた仕事は、きっと楽しくてたまらないだろうなあと思うのだ。

「老いる」ってきっと面白い。

クロワッサン編集部から、ダカーポ編集部、そしてPR誌を作るクリエイティブルームへ。編集の第一線を退いたことで、勝屋さんの中に「もういいかな」という思いが芽生えたのだという。そこで早期退職者優遇制度の募集に手をあげた。そして、ほんの偶然で蔦屋書店に入社。レジ打ちに四苦八苦しながらも、書店での本の並べ方、空間の構成の仕方は、雑誌作りの方法と同じだと気づく。

「入ってすぐの壁を雑誌の第一特集だと思っているんです。たとえばここにアリス・ウォーターース関連の書籍を集め、大きなポスターを作りました。左側の棚が第二特集。『食べることは生きること』という切り口で選書をし、すべてを面だし（表紙を見せる）で並べました。さらに、本棚と本棚の間に『エンド』と呼ばれる小さなテーブルがあります。それは定例ページのようなもの。そこで『生き方の達人』というフェアを企画しました。向田邦子さんとか池波正太郎さんなど、『この人のここがすごい』っていうところを書き出してポップを作り、書籍を積んだ後ろに貼りました。レジカウンターの前が中特集です。ここは平台なので物販をやろうと考えました。『ティー

マがあれば』というＮＨＫ出版の本がかわいかったので北欧のテーブルウェア『ティーマ』の器を並べたり、マガジンハウスから出版された『タオルの本』に合わせて、高級タオル専門店『TOUCH』の真っ白で、素材違いのタオルをずらりと並べたりね」。

この編集者ならではの多角的な視点と企画力が評価されたのか、料理フロアーは、代官山 蔦屋書店内に設けられた奨励賞を、ディスプレイで受賞した。そのご褒美として「好きなところへ旅行に行っていい」とのお達しがあったのだという。当然誰もが国内旅行だと思っていたところ、勝屋さんはなんと、カリフォルニアのアリス・ウォータースの店『シェ・パニースへ行きたい！』と言い出した。「うちの書店では、オープン以来アリスの本をずっと売り続けてきました。いまだに代官山では、日本一の冊数を売っているはずです。でも、私自身は『シェ・パニース』に行ったことがありませんでした。せっかくなら仕事につなげたい。だから、旅費だけ出してください、あとの食費などはすべて自腹を切りますからって交渉したんですよ」。

こうして出かけたサンフランシスコへの旅で、いちばん足しげく通ったのが、アリスが一部コーディネートを手がけたという「フェリープラザビルディング」だった。キャッチフレーズは「ローカル、シーズナル、サスティナブル」。すべてがスローフードの理念を表した言葉だ。中央に大きな通路が１本通り、その両側にたくさんの店が並ぶ。ビルの外周では週に２回ファーマーズマーケットが開かれる。「もう、面白くて、毎日通っちゃいました」と勝屋さん。大満足で帰国してみると、代官山に続く２号店となる「湘南 T-SITE」の企画が動き始めていた。テーマは「スローフード」。そして勝屋さんはその企画を担当することになった。「書店を中心とした、『フェリープ

右／島根県発のライフスタイルブランド「群言堂」のショップ。

下／湘南T-SITEには、勝屋さんが発案し、「辻調グループ」と共に企画した料理教室「湘南料理塾」がある。

大きくてわかりやすいポップも、勝屋さんを始めスタッフが作る。ここは勝屋さん担当の2号館、料理書のコーナー。スローフード関連の書籍や写真集などが充実している。本と器、ジャムなどの食材が同じ棚に隣り合って並んでいるのが、蔦屋書店らしさ。

ラザビルディング』のようなショッピングモールを作ろうと提案したんです。書店とお店がシームレスにつながって、お店には、商品やコンセプトに沿った本が並んでいる。そういう『書店が企画したショッピングモール』が作れればいいなと考えました」。この企画が通ると、今度は『スローフード、スローライフ』にふさわしいショップに声をかけた。「日本が誇るスローフードは発酵食だから『千年こうじや』さんとか、自然栽培の野菜にこだわった『ターブル・オギノ』さん。そして、スローライフは『ミナペルホネン』や『群言堂』『菜の花』さんといった感じですね」。さらに、キッチンスタジオでは、「辻調グループ」の力を借りて、スローフードをテーマにした料理教室「湘南料理塾」も開催。今は、代官山と湘南を行き来しながら忙しい日々を送っている。

実は、勝屋さんはマガジンハウスを退職後「老後に入ろうと思っていた」のだという。「死んでいくということについて、ちゃんと準備をしておきたいと思っていました。だから、当時東京大学の市民後見人講座なんかも受講したりしていたんですよ」と聞いて驚いた。市民後見人とは、高齢の一人暮らしの老人が認知症などになって判断能力が低下したときに、後見人になり援助をする人だ。偶然にも再就職したので、「老後に入る」はやや先延ばしになったが、今、勝屋さんが興味のあることは「自分の店じまいをすること」、「自分がやっていることをうまく閉じていくこと」なのだという。

「店じまいってなんだか寂しくないですか?」と聞いてみた。すると、「そうですか?全然そうは思わないなあ」と勝屋さん。「私は、老いていくって結構面白いことでもあると思っているんです。だってまだ経験したことがないんですもん。老いると、今まで当たり前にできていたことができなくなって、想定外のことがいっぱい起こるでしょう？　それって誰も教えてくれなかったことですよね。吉本隆明さんがこう言っているんです。『歳をとると外から見ると暇そうに見えるけれど、実はものすごく忙しいんだ』って。その通りだなあって思います。昔だったら出かける15分前に起きて身づくろいをして飛び出して行けたけれど、今は2時間前に起きて、ご飯を食べて、歯を磨いて、トイレもいってと忙しい(笑)。出かけてからいろんな不具合が起きちゃいますから。でも、逆にすごくラクになることもあります。若い頃は人間関係にクヨクヨ悩んだけれど、今は『ま、いいか』って思えるようになりましたね。歳をとっていくということを、みんなが考える『老化』ではなく、ちゃんと考え、準備し、『ほ〜、そういうものなのか』と追求したいですね」。

老いるって面白い……。その発想にハッとした。勝屋さんは、老いることでさえ、好奇心の対象にしてしまったのだ。私たちの周りには、たくさんの「真実」がある。けれど、それはほとんどが「まだ知らぬ真実」なのだ。「人は歳をとれば老いる」ということは、確かな真実だけれど、自分にとって「老いる」ことがどういうことなのかがわからない。人は、身の周りにあるあれこれをひとつずつ取り上げて「自分の真実」にしながら生きていく。勝屋さんは、そんな発見を自分の仕事に活かしてきた。そして編集者でも書店員でも、その活かし方は同じだった。だとすれば、もし勝屋さんが花屋だったら。医者やタクシーの運転手だったら。その好奇心の活かし方はきっと同じじゃないかと思うのだ。自分の心根から生まれた好奇心で自分を再発見する。仕事を面白くする術は、自分の心をスコップで掘ることなのだと教えられた。

窓の向こうには富士山が見えるという
素晴らしいロケーションのオフィスで、
パソコンに向かい事務仕事を。

建設会社勤務
三浦有美子さん　44歳／独身

1 あなたの仕事はどんな仕事ですか？
仕事内容について教えてください。

建築設計です。
オフィスや店舗、住宅の設計やリノベーションを手がけています。

2 どうしてこの仕事を
選んだのでしょうか？

父が大工だったので、小さい頃から現場についていっていた影響が大きいように思います。

3 この仕事に就く前の職歴を教えてください。

大学を卒業して、アトリエと呼ばれる小規模の設計事務所に勤務。その後、友人と事務所を設立し活動していました。

4 左記から転職しようと思った理由を
教えてください

30代になっても経済的に自立することができず、このままではいけないと思っていました。そんなとき、建築設計の仕事を続けつつ、経済的にも安定した生活を送れる建設会社での仕事に出合い、勤務体制を切り替えました。

5 いちばん苦労するのはどんなことですか？

関係者が多くなればなるほど、さまざまな意見があり、プロジェクトにとって一番大切なことが見えなくなっていきます。そんなとき、周囲の意見に耳を傾けると同時に、大切なことを見失わずにいることです。

6 「自分らしく働く」とは
どんなことだと思いますか？

スタンスを変えないことだと思います。頑固に振る舞うということではなく、いつもぶれない姿勢を持って働くことだと思います。

7 仕事以外で夢中になっていること、
好きなことがあれば教えてください

朝ドラ「連続テレビ小説」、通勤時の読書は欠かせません。多くの時間を割くことができないので、ちょっとした時間にショートトリップしています。

8 時間の使い方で工夫していることが
あれば教えてください。

夜の帰宅は不規則で、疲労度も日によってさまざまなので、習慣にしたいことは朝に取り入れるようにしています。

9 これからの夢があれば
教えてください。

おいしい野菜や魚が手に入る環境で、大きな木に囲まれた家に暮らしたいです！

仕事と家事と子育てを機嫌よく両立させるには？

子どもを持つ人は、みんな
一日の時間が足りず、
常に何かに追いかけられている。
保育園に向かって走りながら
「どうして私は仕事をするんだろう？」
つぶやく人もきっと多いはず。
そこでみんなが望むのは、
いかに「いい仕事」をするかではなく、
いかに「機嫌よく」毎日を過ごすか、
なんじゃないだろうか。
自分の力すべてを仕事に注げなくても
自分の時間すべてを暮らしに費やせなくても
心豊かに過ごすためのバランスは
どうやって見つければいいのだろう？

BEAMS勤務
中田順子さん

なかだじゅんこ

中学生の頃から洋服が好きで、高校卒業後は職業訓練校で販売の専門職の知識を学ぶ。アルバイトを経てセレクトショップ「ビームス」に入社。渋谷、原宿、銀座などの店舗で経験を積む。結婚し、約2年弱の産休を取り、復帰後は横浜ルミネ店勤務。アクセサリーを担当。同じ会社でディレクターとして働く夫と、3歳の息子と3人暮らし。

頑張ることより、愛されることが大事

「これ、今季イチオシのスカートなんです」。この日、中田さんが着ていたのは、パリッと張りがある生地で、後ろ丈がやや長めのギャザースカートだった。トップスにはカジュアルなデニムを合わせ、足元はスカートと同色のデッキシューズ。隅々まで計算しつくされたコーディネートテクはさすがだ。高校卒業後18歳で「ビームス渋谷」にアルバイトで入り、1年後に正社員に。結婚、出産を経て、今年で勤続14年目になる。「大切にしているのは、笑顔でいること」と本人が語る通り、売り場に中田さんが立つと、周りがパッと明るくなるようだ。その口調は優しくおっとりめ。決してテキパキした〝カリスマ店員風〟ではないのに、話していると、ついついその世界に引き込まれ、思わず買い物したくなる。

「お客様が試着をされて、『どっちが似合うと思う？』と聞かれると、答えるのが本当に難しいんです。今までの経験上、そう尋ねるお客様は、もうすでに心の中でどちらかに決められているのがわかるんですよね。違う方を指差せば迷わせてしまうし……。接客ってこれが正解っていうのがないので難しい。質問をしてみたり、着ていらっしゃるものや持ちものを観察したり。でも、気に入った1着を見つけて喜んでくださる様子を見るのは、何より嬉しいですね」と中田さん。販売の仕事では、その日の売り上げがすぐに数字で示される。一日の売り上げ目標もある。最近では、売り上げ点数や、接客したお客様の人数などすべてが瞬時にコンピューターで分析されて出てくるそうだ。実情はとてもシビアだけれど、中田さんの穏やかな笑顔は、そんなことをちっとも感じさせない。「基本的にマイペースなんです。自分は自分だからって思っちゃうタイプ」と語る。

周りにいる人に愛される、ということはとても大事だ。仕事をしていると、つい頑張ることばかりに気を取られて、「愛される」ことを忘れがちになる。「どうぞ、愛して」といくら言ったところで、誰も愛してくれはしない。それは、日々誰かのことを思って行動し、誰かの言葉に耳を傾け、誰かが喜んでくれると嬉しいと感じる……、という小さな積み重ねのご褒美として、自分に降ってくるものなのだろう。つまり、自分の〝在り方〟そのもので得るものなのだ。パン屋が技を駆使し、いい材料を使っておいしいパンを焼いても、その街に暮らす人がそれを「欲しい」と思わなければ、単なる自己満足に終わる。ちょっとあたりを見渡して、「子どもでも食べられるよう、少し柔らかいパンを作ろう」とする姿で、愛されるパン屋に育っていく。雑誌作りなら、取材させてもらう人に、普段の生活の一部分を切り取って見せてもらうわけだから「いいですよ」と言ってもらわなければ、ページを作ることはできない。どれだけ私たち編集者を愛してくれる人がいるかで、その雑誌の内容が密度を増すのだ。「家族や友達に服を選んであげるときが、いちばん楽しいですね。好きなものを知っているので、これを選んだらきっと喜んでくれるとわかるし」と中田さんは語る。

ファッションが好きになったのは、中学2年生のときに見た「マイガール」というアメリカ映画がきっかけだったのだという。「主役の女の子が履いていたコンバース

売り場ではアクセサリーを担当。自身もピアスやネックレスなどは、おしゃれの仕上げとして必ず身につける。今はアンティーク加工のスワロフスキーや石、パールなどを組み合わせたイタリアのブランド「rada」のアクセがお気に入りだそう。

アクサセサリーをつけてみるとパッとお客様の顔が明るくなる。その瞬間が好き。

２年前に建築家に依頼して建てた新居は、駅から自転車で15分ぐらいと、やや遠いが、山を借景にした緑豊かな環境。家具や小物などのインテリアは、バイヤーの経験を持つご主人によるセレクト。どちらかといえばユニセックスなテイストがふたりの好み。

のオールスターのハイカットスニーカーがとにかくかっこよくて。誕生日に母に同じものを買ってもらいました。今、ふりかえると、おしゃれに興味を持ったのは、それが初めてでしたね」。それから、自宅から電車で30分ほどの、少し大きめの街へ出かけて古着屋巡りをするようになった。高校3年生のときには、家庭科の授業で、美術の先生の母校で開催されたファッションショーに参加した。「みんなが自分で洋服を作って、自分でモデルをする……。服に興味がある人がたくさんいて、刺激的でしたね。その頃から洋服の仕事がしたいなと思うようになったんです」。実は、当時母と姉との3人家族だったそうだ。「いつか、母の力になりたいって思っていました。だから大学に行くという選択肢は最初から考えていなくて、学費が不要という職業訓練校に行くことにしたんです」と語る。そこで販売員になるためのノウハウを学んだ。

「努力」は「夢中」には勝てない

高校生時代はアルバイトをして3年間で100万円を自分で貯めたのだという。「歯の矯正をしました。自分のことはすべて自分で、でしたね」。そして、バイト代を貯めて渋谷の「ビームス」に洋服を買いに出かけるのが何より楽しみだった。「月に1枚洋服が買えるだけで満足でした。『レイ ビームス』のピンクのショッピングバッグを持って歩くのが嬉しくて。洋服を1枚買うと生活がちょっと変わるんです」。きっと彼女はその頃、洋服が持つ力に気づいたに違いない。

「〝努力〟は〝夢中〟には勝てない」というのは、「ビームス」社長、設楽洋氏の言葉だが、本当にその通りだなあと思う。何を仕事にしようか？　と考えている若者がいたら、給料や働く条件や、やりがいなどいろいろ選ぶポイントがあると思うけれど、

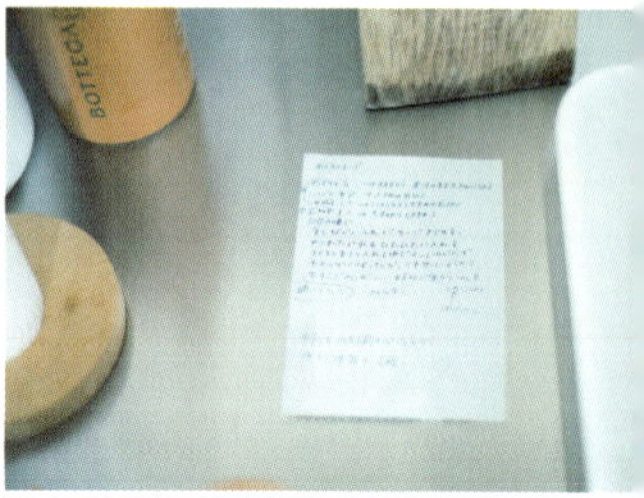

何より大切なのは、「夢中になれる」かどうかだよ、と言ってあげたい。よく電車の中でメイクに夢中になっている女子高生がいて、周りのおばさんたちは眉をひそめるけれど、私はその緻密なメイクテクにいつも見惚れてしまう。丁寧に眉毛を描いて、ビューラーでまつげを持ち上げ、1本1本にマスカラを盛っていく。彼女たちは「されいになること」に夢中なのだ。そして、私はいつも「ねえ、ねえ、それだけメイクが好きなら、メイクアップアーティストになってみたら?」なんて、まったく見知らぬ若者に言ってみたくなるのだ。みんなが「夢中」というアンテナで好きなことを仕事にできたなら、きっと社会はもっとパワフルに回転し始めるのだと思う。

職業訓練校を卒業後、働くなら「ビームスで」と決めていたそうだ。「でも、どうしたらいいかわからなくて、とりあえずお店に行ってみました。そうしたら、たまたまアルバイトを募集していたんです」。こうして念願の店で働き始めた。1年後に社員試験を受けて見事合格。当時19歳になったばかりで、最年少の社員だったのだという。「筆記試験の後に一次〜三次まで面接があったのですが、何を言ったかも覚えていないぐらいボロボロでした(笑)。そんな私でも合格させてもらったのは、一生懸命さが伝わったのかなと思います」と中田さん。その後、渋谷店から原宿、新宿、銀座店へと異動。同じ会社のディレクターとして働くご主人の慎介さんと出会って結婚した。2年後に長男・論くんを出産。実は「ビームス」は、女性が働きやすい制度がきちんと整っていることで知られる。産休は3年。そのうち給付金が出るのは1年間。もし子どもが1歳になったとき保育園に入ることができなかったら、半年間給付金は延長される。時短勤務は小学校4年生になるまで。3歳までという会社が多い中、まさに

週末におかずを多めに作って冷凍しておく。たとえばにんじんのポタージュスープなら、玉ねぎ、にんじんを炒めて柔らかくなるまで煮てミキサーに。この状態でジッパーつき袋に入れて冷凍。解凍して牛乳と生クリームを加えてスープに仕立てる。きちんと平らにして冷凍された食材に几帳面さがうかがえる。

女性スタッフを大切にする会社だと言える。中田さんも約2年間産休を取り、2年前に復帰。今は時短で朝9時15分から夕方4時15分まで働いている。

朝は慎介さんが自転車で保育園へ論くんを送り、帰りは中田さんがその自転車を駅前で拾ってお迎えへ行く。「忙しくてもなるべくできあいのものを買わず、簡単でもいいから料理を作って、夕食にするようにしています」。にんじんやかぼちゃのポタージュスープや、ミートソースなど、いつもおかずは多めに作って冷凍しておくそうだ。1品でもできあがっていれば、晩ご飯の準備がぐんとラクになる。スープとパスタとサラダという洋食の日もあれば、ご飯と味噌汁と焼き魚という和食の日も。慎介さんは帰りが遅くなるので、論くんとふたりで食卓を囲む。

子どもを持つ多くのお母さんが、仕事と家事、育児の両立に悩む。もちろん中田さんも「毎日がいっぱいいっぱいです」と言うのだが、その姿はどこか楽しげだ。それは、「できることだけ」を見ているから。彼女にとって、仕事も大事だが、もっと大事なのが家族との暮らしだ。どちらも欲しいと望んだら、「子どもが小さいから、仕事が思いっ切りできない」とイライラするし、「仕事があるから、家のことがちゃんとできない」と落ち込む。以前、取材をさせてもらった主婦の方が、家事や育児は「〝今、やっていることだけ〟を考えるとストレスがなくなる」と教えてくれた。みんな無意識に、食事の支度をしながら明日の保育園の準備を考える。掃除をしながら、仕事のことを考える。そんな前倒しの思考を止めて、「掃除をしているときは、今、掃除をしているぞ、と考える」というわけだ。この方法はなかなか効果的だ。先のことまで思い巡らせた方が、段取り良くいく気がするが、「上の空」になってしまう。「今、掃除

右下／冷凍していたポタージュスープや、前日に多めに作っておいた味噌汁など、温かい汁物があれば、ご飯の支度が少しラクになる。

左下／若い頃からずっとつけているという家計簿。右は自分用。左が家庭用。毎日はつけられないので、レシートをすべて取っておき、論くんが寝た後や週末にまとめて記録する。

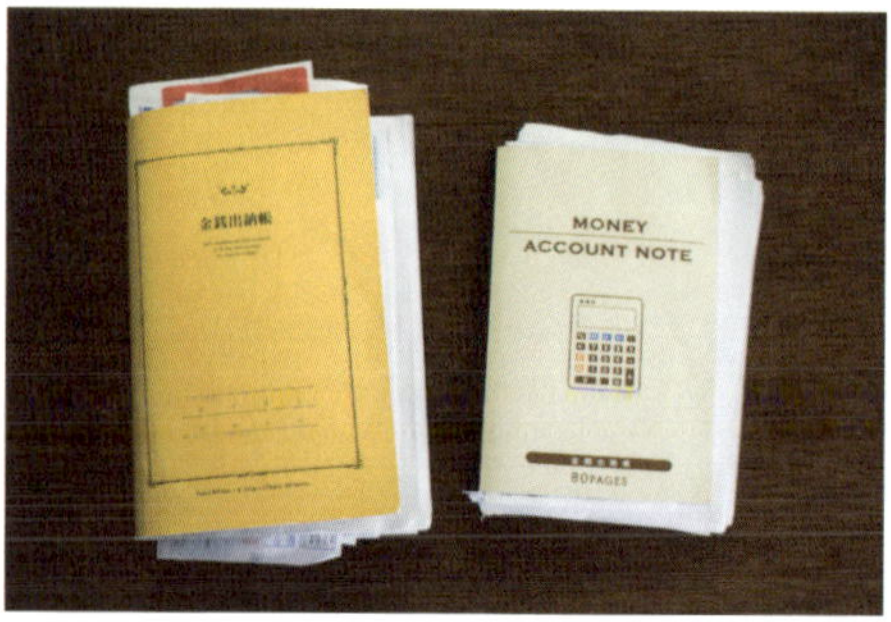

をしている」ことに集中すれば、自然に手元が丁寧になるし、「こっちも汚れているから」と目の前のことに気づくことができる。人は、ふたつのことを同時にはできない。「できない」ことを考えるより「できる」ことを考えた方がずっとラクなのだ。

「いい仕事」の「いい」は自分で決めていい

中田さんご夫婦は、2年前、鎌倉に土地を見つけて新居を建てた。「夫は原宿まで通っているので、通勤が遠くなるのですが、海のそばで暮らしたいと言って……。今は週末になるとサーフィンに出かけていきます。メリハリがついていいみたいですね」。

中学生の頃からずっと家計簿をつけ続けていると聞いて驚いた。「これです」と見せてもらったノートは、領収書が挟み込まれてでっぷりと太っていた。毎日はつけられないが、レシートをすべて取っておき、子どもが寝た後や週末などにまとめて書き写すのだという。「お金が『知らない間になくなっちゃった』っていうのがイヤで」と語る。だから何にいくら使ったかと記録し、残金を把握する。それでも、車や家など、「買う」と決めたら迷いがないのだとか。新居も増税前に、35年ローンで買えるうちにと購入を決めた。「高いものでも、本当に必要だと思えばポンと買います。へんですよね、スーパーで野菜1本買うのにケチケチしてるのに」と笑う。

職場復帰して1年後に中田さんはアクセサリー担当になった。会社で上から言われたことに対し「イヤだ」と思ったことはないのだという。「やってみます、って言い

平日夕食の片付けが終わり、お風呂に入るまでのわずかな時間に論くんとしっかり遊ぶ。休日は親子3人で公園などへ。

ました。私はこんな仕事じゃいや、というのはあまりなくて、与えられた環境で最大限に頑張るタイプなんです」。人気セレクトショップで働くなら、ファッション業界の花形ともいわれるバイヤーやMD（マーチャンダイザー）になりたいと考える人も多いはずだ。けれど、中田さんは「今がちょうどいい」と語る。「私は、若い頃からまじめで融通がきかなくて。でも、子どもができてちょっと肩の力が抜けてきたかなと思います。できないことは誰かに任せて、できることだけやればいい。若い頃より、今のほうがずっと人生を楽しめていると思います」。

もちろんスキルアップしたいと思うし、最大限の努力はする。今は時間がないので、会社の行き帰りの時間に携帯電話を駆使して、新しいブランドの背景や、洋服の歴史などを調べているのだという。そして新たに仕入れた知識は、ショップのグループラインでほかのスタッフとも共有する。「誰かを出し抜いて、自分の業績を上げたいって思わないんですか？」とちょっといじわるな質問をしてみた。すると「そうすると、お店がまとまらなくなると思います。みんなでいいお店にしたいし、みんなでお店の業績を上げたい。きっとうちのスタッフはみんなそう思っていると思いますよ。みんな仲がいいんです」。

好きな仕事をするなら、絶えず「もっといい仕事を」と上を目指すもの……と思っていた。けれど中田さんの働き方はちょっと違う。普通なら、会社に行けば「会社の○○さん」に変身するものだ。会社の価値観の中で動き、会社のために行動する。けれど、中田さんの仕事は、中田さんの暮らしの中にあった。妻であり母であり、そしてショップ店員である。朝起きて、子どもにご飯を食べさせて、その日着ていく自分

リビングの片隅におもちゃコーナーを作った。週末に近所の友人たちを呼んで一緒に食事をすることも多い。「人を呼ぶと自然に片付きますね」。

の服をコーディネートし、帰ったらまた子どもと一緒にご飯を食べる。仕事はその中に組み込まれた暮らしの一部……。だから夕飯の準備ができないほどは働かないし、子どもと向き合う心の余裕をなくすほど、仕事で自分を消耗しない。その線引きのしかたは見事だった。何もかもを犠牲にして働くのが「いい仕事」ではない。そして、「いい仕事」の「いい」は、自分で決めていいのだ。中田さんが、いつも楽しそうで、「今がいちばん幸せ」と語ることができるのは、自分で決めた「いい」の中で働き、暮らしているから。そんな彼女の姿に、〝幸せのなり方〟を教えてもらった気がした。

銀行勤務
佐野美佳子さん　50歳／夫、14、16歳の息子と4人家族

1 あなたの仕事はどんな仕事ですか？
仕事内容について教えてください。

金融機関の企画部門。

2 この仕事をしていて
「良かったな」と思うことはなんですか？

お客様に感動してもらえたとき、チームメンバーと共に感動できたとき。一緒に仕事をして元気が出たと言われたとき。

3 いちばん苦労するのは
どんなことですか？

チーム全員でベクトルをひとつにし、失敗を恐れず、チャレンジし続けること。

4 「自分らしく働く」とは
どんなことだと思いますか？

どんな仕事も楽しんでやること、自分の仕事を好きと言えること、そして小さなことでも感動したらその気持ちを伝えること、感謝の気持ちを忘れないこと。

5 あなたにとってのスキルアップは
どんなことですか？

仕事に関係する、しないにこだわらず、たくさんの人に会っていろんな考え方に触れること。映画、音楽、読書、アート、クラフト、気になることはジャンルを問わず、好きなものに出合って感動すること。自分が感動する心を持たなければ感動を与えられないと思っています。

6 仕事と暮らしのバランスは
どうやってとっていますか？

家族との時間を作ること。ひとりの時間を作ること。好きなもの、美しいものに触れる時間を作ること。そして活動できないほどパワーダウンしたときは、自宅近くの海岸でぼーっとします。

7 仕事以外で夢中になっていること、
好きなことがあれば教えてください

手仕事（洋服、バッグなどの縫い物、趣味で続けている額装など、モノ作り）。

8 時間の使い方で工夫していることがあれば
教えてください。

平日は慌ただしい暮らしですが、週末はゆったり過ごしてリセットします。夏の休暇は数日でも（理想は1週間）自宅を離れて、家族と旅へ。

9 これからの夢があれば
教えてください。

フランス人のように幅広く教養を高め、よく働き、よく遊ぶバランス感覚を身につけて、暮らしを楽しむこと。

「好き」を仕事にするためにはいくらかかる？

好きなこと、仕事のことを語るとき、
なかなかみんな「お金」の話まではしてくれない。
でも、きっと何かを始めたいなら
そこがいちばんの
大きな砦なのだと思う。
好きなことを続けていくためには
お金を稼がなくてはいけない。
お金を稼ぐためには、
そのシステムを
自分で構築しなくてはいけない。
夢を語ると同時に
自分の足元を
どう固めていったらいいのだろう？

出張料理人
後藤しおりさん

ごとうしおり
1985年生まれ。ブータン料理店勤務後、野菜料理店、ケータリングなどを経て、2012年に独立。ケータリング、出張料理人として活動。今は世田谷にアトリエを構え、会社の日々のご飯、ロケ弁のほか、セレプションパーティー、イベント、個人宅への出張料理などを行なっている。
http://gotoshiori.com

わけがわからなくても、とりあえず行動を起こしてみる

アパレル会社の展示会で出張料理を手がけたり、デザイン事務所にケータリングでおかずを届けたり、撮影現場にお弁当を運んだり。人が集まる場においしさを届けるのが後藤さんの仕事だ。去年、アトリエを構えたばかり。まだ1年にも満たないのに、ひっきりなしにオーダーが入り、一日に3～4本の仕事は当たり前。夜中にアトリエに到着し、エンドレスで料理を作っては届ける日々を送る。なのに、本人はいつ会ってもパワーと笑顔全開。疲れた様子を見たことがない。「ねえねえ、こないだね～」と元気よくしゃべり始め、ガハハと笑い、一緒にいると、こちらまで元気をもらって帰ってくる。

寿司店を営む家庭に育ち、大学入学を機に上京。幼い頃から料理の道を目指していたのかと思いきや、銀行に就職が内定していたというから驚きだ。「親の言う通りに生きてきたんです。やりたいことが特に見つからず、結婚した～い！　って思う子でした」と笑う。ところが、もうすぐ内定式というある日、銀行から、保険販売の資格をとるための教科書が届いた。それを見て「やっぱり辞めます」と会社に電話したのだという。「もう人生が決まっちゃうっていう直前に、初めて心から『イヤだ』って思ったんです。自分でもびっくりしちゃいました」。

そして、断りを入れた次の日に、街をぶらぶらしていたら、小さなレストランを見

「私、仕事が丁寧なんです」と自身で語る。頑張らないけれど、手は抜かないというのが心がけていること。和食の基礎は、独学で身につけたという。繊細な野菜の切り方など、まだまだ技を磨きたいと考えている。

つけたそうだ。その後勤めることになる小さなブータン料理の店だった。大事な岐路に立ったとき、後藤さんの決断はいつも直感だ。「開店時間じゃなかったから薄暗くて、何屋かもわからなかったんですけど、なぜかピンときたんです。それで入っていって『働かせてください』って言いました。ちょうど同時期に入った人と仲良くなって、ふたりで料理を始めることに。ある程度仕事を任せてもらったので、店内の内装を変えたり、メニューや料金を考えたり。お客様がどんどん入ってくるようになって、気がつけば予約がいっぱいになっていました。それがすごく楽しくて」。

　わけがわからなくても、とりあえず行動を起こす、というのは大事なことだと思う。若い頃は、みんな「わかってから」行動を起こそう、と思いがちだ。けれど、「わかる」まで待っていたら、いつまでたっても何も始められない。「麻《あさ》の中《なか》の蓬《よもぎ》」という言葉がある。横に向かって広がる蓬も、天に向かってまっすぐに立つ麻の中にまじっていれば、まっすぐ育つという意味だ。とにかくその環境の中に身を置いてみて、その中で自分ができることを探す……というのも、自分に合う仕事の見つけ方だと思う。

　後藤さんはこのとき、いつかブータン料理店を辞めて、ふたりで自分たちのレストランを開きたいと考えていたという。けれど、年上の知人は、「ここしか見ていないんだから、もっとほかの店も見て、それから決めた方がいい」とアドバイスしてくれた。こうして一旦外に出て和食店で働いた後、再度知人と一緒に弁当屋を始めることになった。店が軌動に乗るまでの間、後藤さんは鮮魚店でもアルバイトをした。「魚屋さんって、包丁を使ってさばく危険な作業なので、時給が良かったんです。アルバイトをするなら、何か学ぶことができるのがいいなあと思っていました。魚屋さんで

1年間働いたら、四季の魚を全部見られると思って」。こんなギリギリの状況の中でも、ちゃんと自分の〝身になる〟仕事を選ぶ……。一見向こう見ずにも思えるけれど、後藤さんには凛とした冷静さがあるのだなと思う。

鮮魚店でのアルバイトを終えてから、お弁当の仕込みに入り長時間働く。2時間寝てまた鮮魚店へ。ほとんど睡眠時間のない日々だった。それでも、「楽しかったんです」と後藤さんは笑う。「私の中には、ネガティブな考えが皆無なんです（笑）。泣くのは何かに感動したときか悔しいときだけ。たとえば、お金がなくて苦しくなっても、私は楽しいって思っていられると思う。いつでも『今』が楽しいんです」。

いやはや、ペシミストの私にとって、そのスーパーポジティブぶりは眩しいばかりだった。けれど、それはあっけらかんとした楽天主義とはちょっと違うのだ。後藤さんは、「これしかない」と決めていた。その決心は揺るぎない。つまり料理さえできていれば、そのほかにどんなことが起こっても「楽しい」のだ。そこには、20代という若さでありながら、腹を括った姿があった。

自分で自分に「よし」とOKサインを出すのはなかなか難しい。いつまでも、「私なんてまだまだ」と言っておきたくなる。私もずっと自分に自信が持てなくて「まだまだ」と言い続けてきた。けれど、いつの頃からか「まだまだ」はずるいなと思うようになったのだ。「まだまだ」とは、裏返せば「これが自分の力すべてではありませんよ」というエクスキューズだ。つまりは「ほんとはもっとできるんですよ」ということ。それは、大層傲慢なことじゃなかろうか？　それよりも、今できることをそのまま認め、「これならできる」と言った方がずっと潔い。ただし、自分で「よしできる」と言ったなら、できなかったときにその責任を負う覚悟がいる。みんなそれを避けようとして「まだまだ」と言うのだろう。でも、たとえできなくても「できなかった」という痛みを味わうことが、「じゃあ、次は」と立ち上がる力になるのだと思う。そうやって、すべてを引き受け「よし」と言ってできれば、きっと「今」が輝きだす。

お金がなくたって、「楽しい」と思える

その後、ひとりで働こうと決めたとき、心も体もすべてが空っぽになり、放心状態だったのだという。しばらくすると、以前お客さんだった人たちが「しおりちゃん、ケータリングできる?」とか「しおりちゃんのお弁当が食べたい」と声をかけてくれるようになった。「もう一度ゼロになって、皿洗いから始めようと思っていたのに、料理を頼んでくださるお客様がいて。本当に感謝ですね」と語る。ただ、これから自分が仕事をやっていくなら、自分の料理を食べてもらえる「店」を作りたいと思った。そのためには、まず場所が必要になる。こうして、後藤さんは物件探しを始めたのだ。ここでまた「ピンときた」という空き店舗に巡り合った。そして同時進行で、お金を借りる算段を始めた。

「飲食店でアルバイトをしている子は、ほとんどがその日暮らしなんです。時給800円では、生活するのが精一杯。貯金なんてできません。アルバイトの身だから銀行からの融資は無理だし。それで、飲食業の人は大抵が国金(国民政策金融公庫)から

借りるんです。私もそうすることにしました。ただ、昔に比べて今は審査が厳しくなったので、１か月間ぐらい、いろんな資料を読んで勉強しました。とにかく自分をいかに信用してもらうかが大事。掲載された雑誌を持っていったり、銀行の通帳すべてを見せて、私にはこれだけの顧客がいるって堂々とアピールしたんです。すべて自信満々の口調で説明したら、最短の１週間で審査が通っちゃいました」と笑う。

こうして借りた金額は４５０万円。このお金で店舗のリフォームに取りかかった。しかしここで大きな誤算が起こる。当初の計画よりリフォーム費用が１５０万円もオーバーしてしまったのだ。「約束と違うと、大げんかしました。でも、それだったらできないと言われて……。私はすでにオープンを見越してケータリングの予約をとっていたので、工期を遅らせるわけにはいかず、泣く泣く払うことになりました。本当はその１５０万円は、運転資金にするつもりだったんです。もしうまくいかなかったとき、半年分の家賃とか生活費とか……。それが借りた４５０万円すべてを使い切ることになって、アトリエオープンのときには、手元にお金はゼロでした」。

ここでめげなかったのが後藤さんらしさだ。「１回も失敗しなきゃいいんでしょ！って思いました。明日からケータリングの仕事が入っているし、現金払いだから10万円ぐらいは入ってくるし。でも、まあ最初の２〜３か月は大変でしたけど」と語る。

仕事で「稼ぐ」というのはとても大切なことだ。「好きなこと」と「お金を儲けること」は別だ、と言う人もいるけれど、「好き」は、「お金」がないと続かない。私の周りには器や木工などのもの作りをしている若い人たちがいるが、彼ら、彼女らも「どう稼ぐか」で四苦八苦している。ずっと好きな器を作るためには、それが売れてお金

が手元に入り、それを元に材料を買い、経費を払い、次の作品を作るための準備ができる……という循環が続かなくてはならない。つまり、ずっと作り続けるための「システム」を作る必要がある。私は、仕事の半分ぐらいは、この「システム作り」なんじゃないかなと思うのだ。

中古の厨房機器販売店を巡ってキッチン設備を整え、カウンターはお父様の教え通り無垢の一枚板に。壁はこだわりのブルーグレーに塗り、銅製のランプシェードを下げた。このアトリエを作るにあたり、後藤さんが考えたのは「若い人が作るようなカフェっぽい作りにはしたくない」ということだったのだという。「流行りの中に、自分が入るのは避けたかったんです。それは寿司職人の父を見て育ったからなのかもしれませんね。一生作り続けられる料理を作りたいって思っていました。だから、このアトリエも10年、20年と長く使い続ける佇まいにしたかったんです」。

実は、オープン後半年以上がたっているのにこのアトリエには椅子がない。気に入ったものが見つからないのがひとつの理由だが、今はまだ「そのとき」ではないと考えているからだ。幸いアトリエをオープンするやいなやケータリングやお弁当の注文が途絶えず、今はその仕事で手一杯だ。いつかここでお客様に料理を食べてもらう「店」を開きたい。「それまでは椅子は必要ないと思って」と語る。

今、後藤さんは借りたお金を予定より早いスピードで返しているのだという。そして起きている時間のほとんどは、料理のことを考えている。「でも、具体的な計画なんてないんです。明日のことを細かく決めても5秒で気持ちが変わるかもしれないし……。決めない方がラク。そのときの気分で、ときに身を任せて、やりたいことを一日一日精一杯やればいい。今ね、私は『頑張るぞ』とは全然思わない。『努力』ってなんだか『やらされている感』があるけれど、私は今の仕事のすべてが楽しいんです。楽しくなかったら仕事を受けません。ひたすら作ることが楽しいんですよね」と語る。

「落ちた」ときのことを考えて

今年になって、後藤さんは大きな決断をした。ケータリングやお弁当の料金を値上げしたのだという。「自分が作りたい料理が変わってきたんです。それを作るために、今は集中すべきときだと思いました。値段を少し上げて、いい食材を使い、そこに合わせて自分の技術も上げていかなくちゃいけない。そうやって自分にプレッシャーをかけようと思って。先輩にもアドバイスしてもらいました。『しおりちゃん、そのお弁当って安すぎない？　安くやるのはいいけれど、それで自分に甘えるなよ。甘えるんだったら値段を上げて自分で背中を押しな』って」。

フタを開けたら紫玉ねぎや、かぼちゃのオレンジ、緑のバジル、と野菜たっぷりで、彩りがハッとするほど美しい……。おいしさはもちろん、そんな見た目の美しさが、後藤さんのお弁当が人気の理由だった。けれど、値上げ後のお弁当は逆にぐんと地味になった。「最近、野菜たっぷりのカラフルな盛りつけが流行りのひとつのようになって、若い子がどんどん同じようなお弁当を作り始めました。それがいけないっていうんじゃなくて、それはもう私が作るお弁当じゃなくていいなと思ったんです。父がやってきたように、ずっと同じものを作り続けて、流行り廃りのない、伝統の料理を作りたいと思うようになったんです」と語る。たとえば豆を丁寧に煮る。シンプルな料理だからこそ、10秒違っても皮が硬くなるのだという。「10年後も20年後も残る料理を作りたいんです。日本料理の修業で辞める人が多いのは、新しいことがないからつまらなくなるよう。でも、同じ作業の中にも必ず変化はあります。それを見逃さず、そこに気づける料理人になりたいですね」。

まだ20代だというのに、この〝しっかりっぷり〟にたまげてしまう。さらに、今の自分を見つめる目も冷静だ。「ありがたいことに、仕事はとても順調です。でも、今、メディアなどで持ち上げられているということは、次は落ちる……。若い女の子がひとりでアトリエ構えて……ということで話題にはなっているかもしれないけれど、みんなどんどん新しいものを求めているから、きっと『落ちる』時期がやってくる。そのときに、自分がどう成長しているかで、この仕事をずっと続けられるかどうかが決

81

アトリエには季節の花を欠かさない。近所のお宅からいただくことも多いのだとか。

365日のダイアリーに
書き込んだレシピノートには
5年分の思い出がぎっしり。

まるはず。だから流行に左右されないで行こうって思ったんですよね」。

仕事をしていく上で、誰もが多かれ少なかれ、この「落ちる不安」と闘っている。人気の雑貨店やレストランでも、話題となってワッと人が押し寄せても、新たな店ができるとたんにみんながそちらを向くことがある。雑誌も販売部数をキープしていくのは並大抵のことではない。ライターやカメラマンだって、依頼があってこその仕事だから、いつそれが途切れるかわからない。会社に勤めている人も、昇進や部署替えなどに泣くこともあるだろう。でも、いったい何が不安なのかと尋ねられたら、おそらくみんな「なんとなく」なのだ。つまり不安とは、何か正体がわからないものに対して湧く感情なのだと思う。正体さえわかれば不安は解消する。忙しくて、心がザワザワしているとき、その日やることを紙に書き出してみると、すっと落ち着くことがある。それは、やるべきことが紙の上で「見える化」したからだ。「落ちる不安」も目に見えない。落ちるかどうかの基準が、他人の中にあって、自分の目が届かないからだ。後藤さんはこの基準を他者から自分の中へと取り戻そうとしていた。誰かに評価を委ねず、自分の中で「よっしゃ」と思えればそれでいい……。それは、「落ちるか」「落ちないか」という枠から一歩外へ出た、と言ってもいいだろう。なかなか解決できないものごとに出くわしたとき、それを測る単位を変えてみるのは、ひとつの手だと思う。今までkgで測っていたものをmℓで計測し直してみる、というわけだ。別の単位で測ってみれば「落ちたくない」としがみついていたものが、実は大した価値がないと気づくかもしれない。

「やりたい」のに、ブレーキを踏んでいるのは自分自身

お弁当の値段を上げるということは、予算がない会社や事務所は二度と頼んでくれないかもしれない、ということだ。「もちろんそれは仕方がないと思っています。実際に、値段を上げたら、客層がガラリと変わりました。そして、一度頼んでくれた人のリピート率がぐんと上がったんです」と後藤さん。いつまでも八方美人だと、進む方向に歩き出せない。後藤さんの決断は、これからの作りたい料理への決意表明でもあったようだ。「進む方向が合っているかどうかって不安になることはないの？」と聞いてみた。すると「ない！」ときっぱり。「だって、合ってるんだもん」とあっけらかんと言い切る。「私にとって、目の前にはマルかバツしかないんです。マルだったら本気でやるし、バツだったらやらない。そして自分の中で確信が持てないとマルっていう答えは出しません。『ちょっと楽しそう』ぐらいでマルは出せないんです」。

後藤さんの話を聞いていると、人は「決断する」ことで力を得るのだなあと思う。誰もが、「こっちかな」と頭の中80％ぐらいで思うけれど、あとの20％は「もしかしたら違うかな？」と考える。そして「こっち」へと足を踏み出しながらも、まだ「あっち」かもという思いを引きずっている。前に進みたいのに、ブレーキをかけているのは自分自身なのだ。たぶん、誰もが自分でブレーキを踏んでいることに気づいていない。なのに「どうして進まないんだろう？」と悩む。思い切ってブレーキから足を離

してみれば、ぐんと加速して、目指す方向へと駆け抜けていけるに違いない。

取材の日、夕方6時からのパーティーに料理を届けることになっていた。アトリエ出発は5時の予定。後藤さんは昼頃からずっと手を動かしているけれど、4時過ぎになっても、盛りつけはまったく始まらない。いったい今日は何のおかずなのか、その姿すらわからない。「私の準備を見ている人は、いつも間に合うの？ってハラハラするみたい」と笑う。どんなおかずでも前日に仕込みは絶対にしないそうだ。「ピクルスも、20分ほどしか漬けないけれど、しっかり味がするように作ります。仕込みの時間がギリギリほどおいしいと思うんですよ」と語る。完成すると大きな風呂敷包み2個をなんとか抱えタクシーで会場まで駆けつける。きっとその頭は、明日作る料理のことを考え始めているのだろう。自分を出し惜しみしなければ、できることはどんどん拡大していく。後藤さんの姿を見ていると、人が本来持っている力を信じたくなる。

TOTO TAXI

ミュージシャン

良原リエさん　44歳／夫、2歳の息子と3人家族

1　あなたの仕事はどんな仕事ですか？ 仕事内容について教えてください。

アコーディオニストとして、レコーディングやライブ、コンサートなどで演奏をしています。ほかに、作詞、作曲、編曲、プロデュース、自身のライブやCDのリリースも。

2　どうしてこの仕事を選んだのでしょうか？

小さな頃からピアノを習っていましたが、譜面通り弾くよりも、曲の構成を変えたり、好きなメロディーを足したり、言葉を乗せて替え歌を作ったりする方が好きでした。高校生になってバンドを結成。そのバンドが続いて、大学生でレコード会社と契約に至りました。選んだというより、流れでたどりついた仕事です。

アコーディオンに出合ってからは、アコーディオンを収集。誰もやっていないことなら仕事になるかもしれないと考え、コーラスもできるアコーディオニストとして、自分のキャラクターを作っていきました。

3　あなたにとってのスキルアップはどんなことですか？

音楽の技術的なことでは、より多くの場数を踏むことです。いくら家で練習を重ね、家では上手に弾けたとしても、一度しかない本番の緊張感の中での演奏とはあまりにも環境が違います。その緊張感の中でどれだけのことができるか、また緊張感を感じずに演奏に集中し、持っている力を存分に発揮できるかは、やはり経験を重ねるしかないようです。

4　仕事以外で夢中になっていること、好きなことがあれば教えてください

子どもの服や鞄、オモチャなどを作ることです。好きなことは、土仕事です。土を作り、種を蒔き、食べられるものを育てるのが何より好きです。

5　仕事と暮らしのバランスはどうやってとっていますか？

出産前は、「仕事が好きすぎる」仕事人間で、暮らしのバランスなどまったく取れていませんでした。同じ家に住んでいるはずの夫と、顔を合わせない日も。これでは結婚した意味がないと反省し、一緒に食べられる機会の多いお昼ご飯だけはちゃんと作ろう、美味しい料理を作ろう、そして一緒に楽しく食べよう、と決めました。そのおかげで料理が楽しくなり、夫とも楽しい時間が取れ、暮らしの楽しみを感じられるようになりました。

6　これからの夢があれば教えてください。

安心して子どもに食べさせられるものを自分の手で作りたく、安心な地域で、広い庭か畑のある家に住みたいと考えています。どういった形が、夫に、私に、息子にベストな選択になるだろうかと模索中です。音楽の仕事が続けられていたら嬉しいです。

会社に勤めながら自分だけの仕事を始めるには？

自分の「好き」をなんとか
仕事にしようと、
その方法を模索する人がいる。
かと思えば、仕事と趣味という
ふたつの世界を、きっぱり分ける人もいる。
日々の糧を得ることと
自分らしさ。
その両方を手に入れるためには
どうすればいいのだろう？
仕事とは、お金を稼ぐことなのか、
自分の力を発揮することなのか。
一見相反するように見える
ふたつの視点に、
折り合いのつけ方はあるのだろうか？

広告代理店勤務＆tonton＆tocotoco主宰
葉山万里子さん

はやままりこ
1981年生まれ。大学在学中にイギリスに留学。帰国後はアパレル会社でバイヤー、デザイナーのアシスタントとして働く。2004年より広告代理店に転職。会社の仕事とは別に、友人たちと子どものためのアート情報誌『tonton』を立ち上げる。アートをベースにしたワークショップも行なっている。書家としても活躍中。
http://tonton-art.jp

平日と週末。ふたつの顔で働くというスタイル

朝8時、東京のど真ん中に立つピカピカの高層ビルに人々が吸い込まれていく。コーヒー片手に急ぐ人。眠たそうに目をこする人、颯爽と風を切って歩く人。白や黒、グレーなどモノトーンのグラデーションの人影の中に、まるで一輪の花が舞い落ちたように現れたのが大手広告代理店に勤める葉山万里子さんだった。おばあさまの着物をリメイクしたという赤いワンピースに真っ赤なパンプス。大きな目がクリクリ動き、その弾けるような笑顔に、こちらまで思わずにっこり微笑んでしまう。実は彼女には3つの顔がある。平日は会社でオフィスワークを。大手企業を相手にイベントを企画したり、協賛してくれる会社を探してプロジェクトを進めたり、アーティストと企業を結んでPR活動などを行なったりと業務をこなす。週末や休みの日には、仲間と一緒に立ち上げた子どものためのアート情報誌『tonton』のプロデューサーとして情報発信をしたり、ワークショップを行なっている。さらに、書家としての顔も持つ。なぜ、ひとつの仕事では足りなかったのか。ただでさえ忙しい会社員としての生活の中、どうやって第2、第3の顔を持ったのか……。聞いてみたいことを両手いっぱいに抱えて会いに出かけることにした。

週末、葉山さんの姿は表参道ヒルズにあった。子どもとお母さんたちが次々に集まってくる。この日開催したワークショップは、「ぼく、わたしのからだのしくみ」。

広告代理店勤務 & tonton & tocotoco 主宰　葉山万里子さん

『tonton』から派生した「tocotoco」という活動で、医師でもある友人夫妻と共に、子どもたちにアートやデザインを通じて、楽しみながら「からだ」や「いのち」について学んでもらおうというものだ。この日集まった10人ほどの子どもたちの手元には、からだを描き、右胸に赤い布で作った心臓を貼った画用紙が配られている。トマトジュースを入れたバケツを手に「さあ、みなさ~ん、これはな~んだ?」と問いかけて、血液の循環を教える。心臓から腎臓、膀胱を通っておしっこになる、という道筋を説明する。そして、みんなで赤や黄色の毛糸を画用紙に貼り、排泄のしくみを手を動かしながら学ぶのだ。カラフルなキットを使ってそれぞれの子どもが仕上げた作品のかわいらしいこと! アートという視点をひとつ入れることで、思わず大人でも持ち帰りたくなる人体模型ができあがるのだ。改めて、ああ、デザインの力ってすごいんだなあと思わされる。このシリーズはほかにも「私が生まれるまで」「ちのとおるみち」などがあり、どれも好評で、たちまち予約でいっぱいになるのだという。「からだのしくみを知る」というエデュケーション、手を動かすというクリエーション、見て楽しむというデザイン性。そのすべてを満たすワークショップに葉山さんがこれから進みたい方向がぎゅっと凝縮されているようだった。

「アートというとみんな難しく考えがち。美術館など、どこか遠いところに行って見るものだけではなく、もっと身近で触れてもらえればいいなあと思って。それを子どもとシェアできる場を作っていけたらと考えました。でもひとりじゃできないなと、広告代理店での仕事をしながらも、ずっときっかけを探していたんです」と語る。

会社員をしながら独立の道を模索したり、お母さんをやりながら仕事を探したりと、

「ここ」じゃない「あそこ」へ行こうとするには、冷静さと情熱の両方が必要だ。現状には何が足りなくて、それをどう解決し未来に新たなステージを作るかを冷静に判断し、それがなかなかうまくいかなくても、楽な方へ流されることなく、夢を諦めない……。どうやら葉山さんは、今、その只中にいるようだった。

なんだかわからないけれど好き。幼い頃のあの想いに立ち戻ってみる

広告代理店の前は、2年間アパレルブランドのバイヤーとして働いていたのだという。大学時代にファッションを学ぶためロンドンに留学。「私の母はデパートでオートクチュールの洋服を作る仕事をしていました。私やバービーちゃんの服をよく縫ってくれましたね。だから幼い頃から裁縫がごく身近にあって、ファッションに興味を持つようになったんです。そして、小さな頃からよく美術館に連れていってもらいました。大人になった今でも、私の夢は『美術館に住むこと』なんですよ（笑）。デザインやアートに関わりたいと思うようになったのは、自然な流れだったのかもしれません」と語る。

ロンドンでは、ファッションとアートと写真の3つを学ぶことができる学校へ通った。ファッションに興味を持ったなら、華やかなデザイナーになりたいと思うものだ。けれど、「それは違うなと思って」と語る。小さいときから探検好き。いいものを見つ

社内のクリエイターが作った「アルファベット」は、アルファベットの文字を折っていくと、その文字が頭文字につく動物に変身するというもの。西欧のアルファベットと日本の折り紙を融合させた作品。葉山さんはその PR を手がける。

会社のスケジュールは、自分でエクセルで作った、プロジェクトごとのスケジュール表で管理。そのほかの予定は入社以来ずっと使い続けている「ルイヴィトン」のカバーの手帳に書き込む。やらなくてはいけないことは、メモした付箋を貼りつけ、やり終わったらはがす工夫をしている。

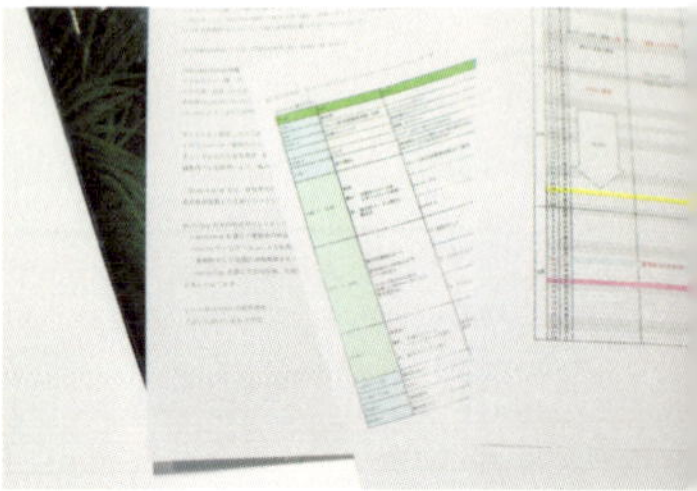

け出すことが好き。そんな心のルーツを辿ってみると、ひとつの場所にとどまらず、あちこちに出かけて何かを見つけてくる＝バイヤーの仕事がしたいと考えたのだという。「デザインというよりもデザインビジネスというか……。ゼロから洋服を作るより、それをどうやって世の中に出していくか、世の中ではどういうものが求められているかに興味があったのかもしれません」。

若いのにきちんと自分のやりたいことを自分で理解していたことに驚いてしまう。「自分が何をやりたいかわからない」という落とし穴にはまったとき、幼い頃に夢中になったものに立ち戻ってみるのはひとつの手立てだと思う。私は読書が何より好きだった。『小公子』や『小公女』『四人の姉妹』などの少女小説を「もう寝なさい」と母に叱られながら、布団の中で懐中電灯を照らして読んだものだ。小さな頃に夢中になったモノやコトには理由がない。なぜだかわからないけれど大好き！　そんな世界には、大人になってからのような計算が含まれないから、実にピュアなのだ。成長するにつれ、みんなその想いを忘れていく。「あんなこと好きなんて言ったら笑われそう」と隠してみたりする。漫画なら漫画でいいし、お笑い番組でも、お菓子でも、レースの靴下でも、お絵描きでも、なんでもいい。要は大人のものさしで測れないあの頃の想いこそ、自分しか知らない道標となってくれるのだと思う。

ロンドンでの生活は刺激的だった。「行く前と行った後では人が変わっているんじゃないかと思うぐらい(笑)。それまでは実家で暮らしていたのに、誰も知らない海外の街に行っていきなり一人暮らしを始めて……。家を借りて電話1本ひくのでさえも、自分でやらなくてはいけません。若かったから挑戦心もモリモリあったし、何より度胸がつきましたね。新しい場所へ行くとか、初めての人に会うとか、知らない世界へ飛び込むことに、抵抗がなくなったと思います」と語る。街には、当たり前のようにハイファッションのブランドショップが並んでいた。日常の中でそうしたデザインに触れたことは、何より目の蓄積になったそうだ。「向こうでは、日本のように中間のブランドがないんです。古着か『H&M』のようなファストファッションか、ハイファッションだけ。その中で学生はお金がないから、蚤の市に出かけて掘り出しものを見つけたり、古着をカスタマイズしたりして工夫します。それが楽しくてね(笑)」。小さくて愛らしい葉山さんの中には、意外にもガッツと冒険心が詰まっているようだ。

「何かが違う」という小さな違和感を見逃さない

こうして2年間を過ごし帰国。残っていた大学生活を送りながら、当時日本で大好きだった代官山のショップでアルバイトを始める。卒業後はそのまま正社員となった。「小さな会社だったので、デザイナーのアシスタントをしながら、私がやりたかったバイヤーのお手伝いもさせてもらえることになりました。ロンドンやパリ、ベルギーなどの買いつけにも毎年行けるようになり、やりたいと思っていたことが急に実現して本当にラッキーでしたね」と語る。ちょうど裏原ファッション全盛時代。東京コレクションに参加するなど、目の回るような忙しい日々だった。毎日深夜まで仕事という日々が続くと、体が悲鳴を上げた。さらに、日本のファッション業界に少しずつ違和感も感じ始めたのだという。「その頃日本のファッション業界はひたすら消費に向かっていました。流行を作っては廃れていく……という世界に疑問を感じるようになったんです。光栄にも最先端にいるブランドに関わらせてもらったけれど、ピークを過ぎれば売り上げがパタンと落ちて、次にできたブランドへお客様がダ〜ッと流れていく。そんな様子を見て、私は消費されるものを作っているんじゃないか、いいものをセレクトして丁寧に伝えていきたいのに、その想いとはどんどん離れていってしまっているんじゃないかと思うようになったんです」。

小さな違和感を「見ないふり」をしなかったのが、葉山さんのすごいところだ。「なんだか違う」と認めることは面倒臭いものだ。みんな大なり小なり「なんだか違う」を抱えている。問題は、どこで「じゃあ」とアクションを起こすかだ。私は何度かそんな場面に遭遇しながらも、小さな違和感を飲み込んで我慢したことがある。それは、「なんだか違う」とちゃぶ台をひっくり返した後の自分に自信が持てなかったからだ。手がけている雑誌を「なんだか違うからもう仕事はしません」と断れば、フリーランスだから次には仕事がこなくなるかもしれない。そんな不安が先に立って、自分の心に正直になることができなかった。けれど、逆にこうも思う。「やりたくない仕事」の中にも発見がたくさんあり、それによって鍛えてもらったなあと。自分との違いを感じながらも、どうにか納得のいく接点を探して、シャクにさわるあの人の意見も取り入れて、ザラザラした心を抱えながら耐えて頑張ってみる。その中で学ぶこともあるのだ。隣にいる人とどこかが違うからこそ、その違いを理解し、自分の中へ取り入れ、懐を深くしていく。ときにはそんな「我慢」によって力を蓄えるときも必要なのだ。きっと、どうしようもない「なんだか違う」は、飲み込んでも飲み込んでもいつか湧き出してくる。理性だけでは飲み込めなくなったときが、アクションの起こしどきなのかもしれない。

思い切って前職を手放して、空になった葉山さんの手に神様はプレゼントを握らせてくれたようだ。たまたま知人に紹介され、すぐに今の広告代理店に就職が決まった。ただしここで、また葉山さんはきちんと自分らしいジャッジを下す。「私の経歴を話したら、『じゃあ、クリエイティブ部門がいいんじゃない？』と言ってもらいました。でも、かつてデザイナーではなくバイヤーになりたかったように、〝作る〟ということよりも、何か素敵なものを見つけてきて、それをビジネスに仕立てるというポジションが好きだったんです。だから、自分から営業を希望しました」。いやはや、その冷静なる情熱は素晴らしい。

みんなにいい顔はできない、と知る。

こうして、あの都心の真ん中のビルに通う毎日が始まった。葉山さんは主に、6歳までの未就学児を対象としたPRの仕事を担当することになった。アーティストが作った絵本の中のキャラクターをお菓子のパッケージにしたり、海外のキャラクターを日本の企業のプロモーションに使ってもらったり。「普通なら会うことのない大企業の取締役と、ビルの上の応接室で話している自分がときどき不思議になりますね(笑)。

広告代理店勤務 & tonton & tocotoco 主宰　葉山万里子さん

最初は緊張しましたが、今ではすっかり慣れました。プロジェクトの立ち上げで、協賛企業を探すときには、50社アプローチして、聞いてもらえるのはせいぜい2～3社だったりもします。いろいろ悩むことはあるけれど、仕事をしながら、そうした『社会のしくみ』が見られることは、本当にプラスになっていると思います」。

ただ、前職でアクセル全開で頑張りすぎて体調を壊したこともあり、入社時からプライベートと仕事のメリハリをきちんとつける意識をした。多忙でないときは、夜7時頃には切り上げてきちんと家でご飯を食べて、自分の時間を持つ……。「同僚でも、忙しくて休みが取れないとか、みんなが帰るまで帰れないという人もいますが、私は1年間の中でちゃんと休みは取る、というキャラクターを自分で作り、演じています。上司も『行っておいで』と旅に送り出してくれますね(笑)」。

誰でも周りの人に褒めてもらいたい。けれど会社という組織の中では、いったい何が「よし」なのか、その基準は残念ながら不透明だ。上司に気に入られれば「よし」なのか？　売り上げを上げれば「よし」なのか。カメレオンのように周りに合わせて色を変えていると、上司が変わったとたん、今までの「よし」が通用しなくなったりする。若い頃はまだ自分が未成熟だから、周りの価値観を学び、それを自分の中に取り入れ、やってみることで精一杯だ。でも、そんな時期を一通り終えたら、今度は、自分だけの「よし」を見つけなくてはいけない。そして、そのとき改めて知るのだ。「すべての人にいい顔はできない」と。たとえば、「私は定時には帰ります」と言えば、顔をしかめる人だっている。でも、その人は私の生活に責任を取ってくれたりはしないのだ。私はかつて、ある月刊誌の編集にかなり深く携わっていた時期がある。ところが、その雑誌が急に休刊となった。今まではぼ毎日編集部に通っていたのに、突然プツリと関係が切れた。そのとき実感したのだ。私の10年後の責任を取れるのは私しかいないのだと。

きちんと自分のペースを作れば、〝今〟を俯瞰で見つめられるようになる。葉山さんの中でも、今足りないものが見え、もうひとつの「やりたいこと」の像が結ばれていった。「会社では、自分で考えて何かをやろうとしても、そこに売り上げだったり、会社として動く意味合いが必要だったりして、本当に純粋にいいなと思うものができない……。だったら、自分がやりたいことと仕事をはっきり分けた方がいいんじゃないかと考えるようになったんです。私がやりたかったのは、子どもと大人とアートを結ぶ場を作ること。今、日本のマスが子どもに与えているものって、『こうしなさい』だったり『これが今の流行ですよ』だったりで、子ども自身が入り込む隙間がない気がするんです。親子が一緒に何かをやりながら、子ども自身の中から何かが溢れ出すのを待ってみたい……。そんな子どもの可能性を引き出せる場を増やせたらなあと思って」。

自分にしかできないこと=人と違うこと

今の状況から一歩外へ出る。その力となったのが、ロンドンでの経験だった。「学校の授業の中で、『うさぎの絵を描きなさい』と言われたときに、うさぎを描かなかったことをすごく褒めてくれたんです。『どうして君はうさぎの絵じゃなくて、赤い丸を

葉山さんがプロデューサーを務める、子どものためのアート情報誌『tonton』。毎号、ワークショップの報告記事、次回のワークショップの告知、子育てをするアーティストママのエッセイなどで構成している。過去には「子どもと絵本」「子どもと音楽」「オランダの子どもとアート」などの特集を手がけた。

上左／『tonton』から派生して生まれた、「tocotoco」の活動。子どもたちと共に、楽しみながら「からだ」や「いのち」について学ぶ。左下／心臓から血液が流れ腎臓、膀胱を通って尿として排泄させるまでを、子どもたちが手を動かして作るためのキット。右下／食べたものが胃や腸を通って排出されるまでのしくみを描いた、子ども達の作品。葉山さんがアートディレクションをしているので、持って帰ればアートとして部屋に飾ることができるほどのクオリティ。

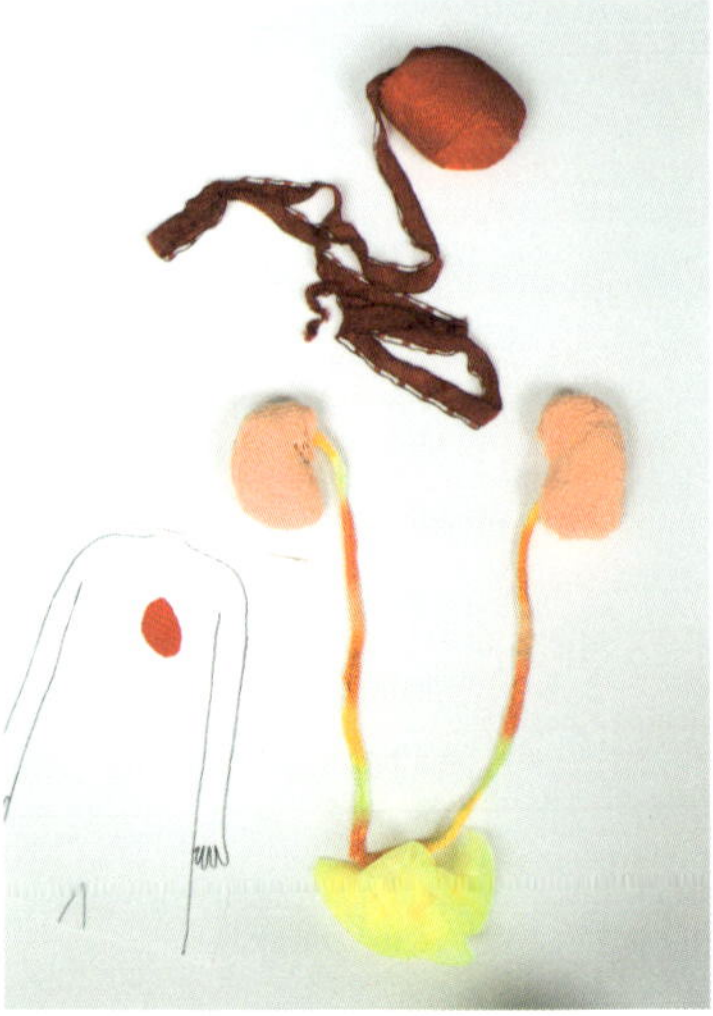

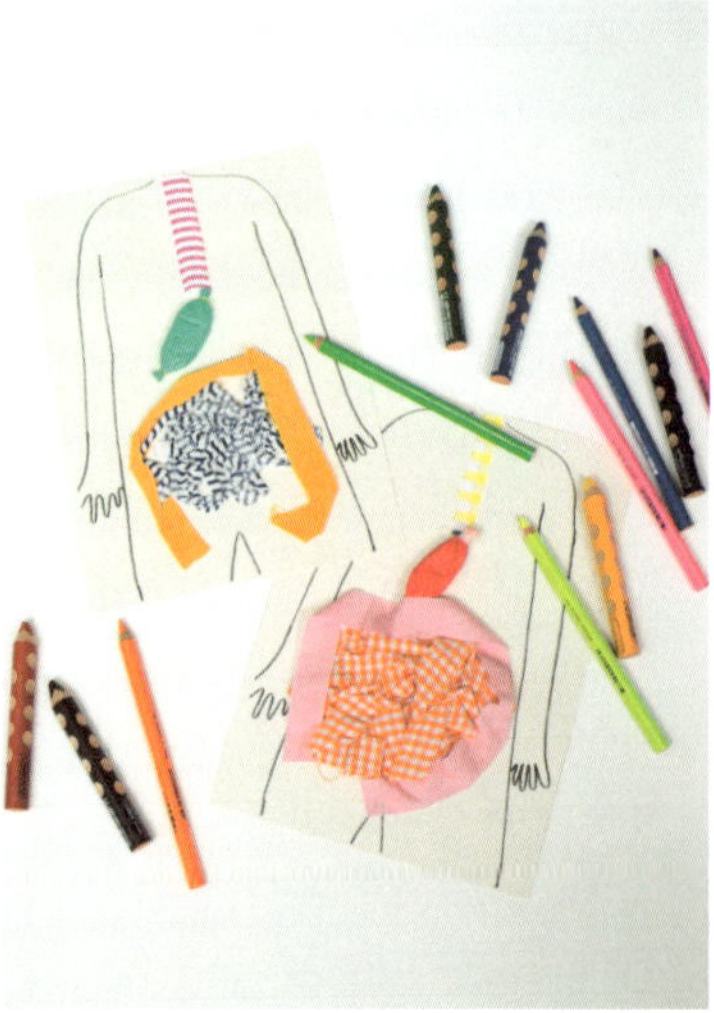

忙しい仕事の合間にワークショップのための準備を。大変だが、自分の考えていること、感じたことを仲間と交換しあえる、なくてはならない時間に。
取材協力／HAGI CAFE
http://hagiso.jp/cafe/

描いたの？　君のこの感性が素晴らしい！』って。人と違っても、その違った目線を評価し伸ばしてくれる。あのときの経験は私の宝物になりました」。当時のことを葉山さんは目をキラキラさせながらそう語ってくれた。

人と違うことが個性になる……。私がそのことに気づいたのは、ほんの最近のことだ。若い頃は自分に自信が持てなくて、絶えず「あの人みたいになりたい」という誰かの後ろ姿を追いかけていたような気がする。でも、どんなに努力してみたところで、「あの人」になることはできないと知る。そこから「自分にしかできないこと」を探し始める。自分にしかできないこと＝人より優れていること、じゃない。自分にしかできないこと＝人と違うこと、なのだ。そこに優劣はない。「私は◯◯できないから」というコンプレックスも個性に変換することができる。たとえば「三日坊主だから」という負い目は、「常に新しいことを見つける力」に変えられる。「はっきりとものを言うのが苦手」なら、「周りの人に自分を合わせる柔軟な」人になることができる。

自分らしさを探すことは、長所も短所も自分を丸ごと肯定することなのかもしれない。

「やりたいこと」をどう形にしようかと模索していたときに、葉山さんは、たまたま同じ思いを持っていた仲間と出会った。「知人に『きっと気が合うと思うよ』と紹介してもらって会ってみたら、編集者やデザイナー、ライターなど、自分の仕事を持ちながら、みんなが同じ方向を向いていたんです。じゃあ、まずはアートを紹介するフリーペーパーを作ってみようよ、ということになりました。ちょうど子どもをテーマにした横浜トリエンナーレ開催の年だったので取材をしてまとめました。みんなで手分けして、置いてもらえるように美術館やカフェに電話しましたね」。

こうして生まれたのが、子どものためのアート情報誌『tonton』だ。「とんとん」とは扉をたたいたときに聞こえてくる音。たたいた先にどんな世界が待っているのか。その案内人にアートを選んだというわけだ。ひとつ実績ができると、新たな展開がしやすくなる。美術館との接点ができたことで、場所を借り、ワークショップも実現した。オランダのアーティストを呼んでマスキングテープやダンボールを使って街を作ったり、みんなで味噌を作りながら子どもと食について考えたり。葉山さんは会社で培ったスキルや人脈を活かして、人と人、人と場をつなぐプロデューサーとして働いている。ただ、この活動をビジネスにのせるのはなかなか難しい。「私が見つけたいと思っているのは、『tonton』のようにボランティアベースでやっていることと、会社のように何億というお金が動く、その中間です。もしかしたら『tonton』は、ビジネスというよりもライフワークとして取り組んでいく方がいいのかなとも思ったり」。

そして、会社という仕事を手放したとき、『tonton』の活動を続けていくための手段として、考え始めたのが4歳のときから習っている書道なのだという。これが3つ目の顔だ。葉山さんのお母様は洋裁を手がけながら書家でもあり、自宅で書道教室を開いていたそうだ。葉山さん自身も今では友人に教えたり、頼まれてパッケージや本の装丁のための文字を書く。「きちんと仕事にしていければと思って、その準備として一日一書として、季語を書いてインスタグラムにアップしているんです。でも、実は今会社が忙しすぎて……。会社に使っている時間を、すべて自分のために使えたらいいのになと思うんですが、今はまだ準備中ですね」。

何も知らない若い頃は、経験することすべてが新鮮で、新たに手がけることすべて

「一日一書」と決めて、季語を書く。文鎮はおばあさまが使っていたもの。食品のパッケージや本の装丁用に頼まれて文字を書くことも（P.105上）。知人とのコラボレーションで、「書と食」など面白い組み合わせでワークショップも企画している。

が学びの対象になる。けれど足し算だけでは、進歩の幅に限界がある。それが大きく飛躍するのが、きっと掛け算を覚えたときなのだと思う。つまり、自分の中にすでにインプットしたあの経験とこの経験を取り出して、組み合わせを変えながら、時代や場所を超えて掛け合わせ、アウトプットするという作業だ。自分のやってきたことが〝統合〟されることで、再び新たな扉を開ける大きな力になるのだと思う。

書道も『tonton』のフリーペーパーも、ワークショップで使ったあの赤い心臓を貼った画用紙も、葉山さんが手がけているのは、驚くほど完成度が高く、デザイン性に優れ、美しいものばかりだった。そのクオリティの高さを支えているのは、幼い頃から見て、聞いて、触れてきたものであると共に、会社員として培った経験だ。大きな会社だからこそのしがらみは確かにあるけれど、優秀なプロフェッショナルたちとの出会いや、きちんと予算をかけたプロジェクトなど、個人のレベルを超えた体験は、会社にいてこそできるものだ。だとすれば、会社とライフワーク、ふたつの脚を持っているからこそ、そのどちらもが作用しあって、1本脚のときよりずっと高い位置へと上っていけるのかもしれない。

新たな世界へ一歩を踏み出すことは、〝今まで〟を否定することじゃない。前へと脚を進めるために必要なのは新たな数式作りだ。自分の経験と、時間と、心をどう掛け合わせたらいいかと考える。ひとつひとつの経験はちっぽけでも、掛け算すれば、毎日はドラマティックに変化し始める。すべての経験が、5倍にも10倍にもなる可能性を秘めていると思えば、今日向き合う仕事がキラキラと輝き始める気がするのだ。

フラワースタイリスト
平井かずみさん　43歳／夫と二人暮し

1 あなたの仕事はどんな仕事ですか？
仕事内容について教えてください。

フラワースタイリスト。ikanika 主宰。“しつらえる”という感覚を大切に、草花が身近に感じられるような「日常花」の提案をしています。東京・自由が丘の「café イカニカ」を拠点に、「花の会」や「リース教室」を開催。雑誌でのスタイリングのほか、ラジオ番組のコーナーを担当し、レギュラー出演しています。

2 どうしてこの仕事を
選んだのでしょうか？

花が“好きすぎる”からです。

3 この仕事に就く前の
職歴を教えてください。

レコード、映画配給会社→インテリアショップ→フラワースタイリスト。

4 上記から転職しようと思った理由を
教えてください。

フラワースタイリストになったのは、インテリアショップをやめるときに、大切な方から「花がこんなに好きなんだから、花の仕事をしないなんてもったいない!」と言われて。

5 この仕事をしていて「良かったな」と
思うことはなんですか？

日々、いろんな出会いを愉しむことができます。

6 いちばん苦労するのは
どんなことですか？

好きなことを仕事にしたため、夜にお酒をのんでスイッチを切らないと（笑）、いつまでも仕事をしてしまうこと。

7 「自分らしく働く」とは
どんなことだと思いますか？

いつも笑顔でいることです。

8 あなたにとってのスキルアップ
はどんなことですか？

花も含め、もっともっと物事の背景や、本質に触れていくこと。

9 仕事と暮らしのバランスは
どうやってとっていますか？

正直、仕事なのか、プライベートなのか、境目がないことも多いです。あえて時間では仕切ろうとはせず、自分の気持ちのスタンスでバランスをとっているように思います。

「誰でもできる」から「私にしかできない」仕事へシフトするには？

自分の時間と能力と心を尽くして
取りかかる仕事だからこそ、
できれば、「代わりの誰かがやっても同じ」
ではなく、「私にしかできない」ことを
やり遂げたいと思う。
けれど、それがいったい何なのか
見つけることが難しい。
「もしかしたらこれかな？」と思っても
それを仕事にして、お金が稼げるのかと
ふと不安になったりする。
本当の自分らしさを知り
それにかける勇気を持ち
今までと違う道を歩き始めたら
その先にはいったい何が見えるのだろう？

文筆家

小川奈緒さん

おがわなお

1972年生まれ。編集者、文筆家。出版社でファッション雑誌の編集を手がけたのち独立。現在はエッセイと、インタビューやライフスタイル記事の執筆のほか、書籍や雑誌などの編集を手がける。夫でイラストレーターの小池高弘さんとのエッセイ&イラスト作品集『sketch』を出版。著書に『家がおしえてくれること』（KADOKAWA）。また、今秋「女性の生き方とファッション」をテーマにした新刊（筑摩書房）を発売予定。

http://tabletalk.cc

「どこ」に住むかは、「どんな」仕事をするか選ぶことと同じ

都心から電車で1時間ほど。車窓からのんびりとした景色を眺めながら、ちょっとした小旅行気分を味わうことができる……。そんな距離感の場所に、小川さんは5年前に家を買った。どこに住むかは、どんな仕事をするかに密接に関わっている。都会より、少し時間の流れが緩やかな田舎町で暮らす。その選択に、この家でじっくりと「書く」仕事に向き合おうとする小川さんの強い意志が秘められているようだった。

「この家の庭と縁側に一目惚れしたんです」と小川さんは語る。都心の家賃の高さに辟易し、さらに出産後、広々とした環境で子育てしたいとの思いもあって、家探しを始めたのだという。そして、実家にもほど近い場所で、築35年のこの物件と運命的に出合った。もともとがしっかりとした作りだったので、その良さを残しつつ、暮らしやすいようにリフォームを。古き良き昭和の時代を感じさせる部屋は、木のぬくもりに満ち、どっしりと落ち着いている。窓から入る柔らかな光と風、ときを経て飴色になった建具や柱。そんな心地良さを大切にしたいからこそ、あえてインテリアは控えめに。家の歴史にそっと寄り添うような部屋作りは、この家の住人が何を大切に暮らしているかを物語っているようだった。「少し歩けば畑が広がって、その先には大きな川が流れています。空が広いし、都心とはリズムがまったく違いますね。これから

長く暮らしていくには、こんなゆったりした場所がいいなあと思っています」と語る。ここに引っ越してきたのは、娘さんが2歳になったばかりの頃。ひたすら走り続けてきた仕事のスイッチを少し切り替えようとしていた時期だった。

高校生の頃から〝オリーブ少女〟で、読書好き。「本を作る人になりたい」と思っていたのだという。小さな編集プロダクションで1年間働いたのちに、新聞で出版社の中途採用を知り応募。念願のファッション雑誌の編集者として働き始めた。「それはそれは、楽しかったんです」と小川さん。たとえば、次号は「靴の特集16ページね」と担当を振り分けられる。「じゃあ、モデルで8ページ作って、あとは物撮りで靴の紹介をして」と考える。そして自分の好きなカメラマンやスタイリストを選んで撮影に出かけるという段取りだ。「毎回文化祭みたいでしたね。前々から予約していたロケ場所があっても、当日行ってみたら駐車場の方がいいよねってことになる。そうすれば、建物の使用料は払うんだけど、駐車場だけを使って撮影するんです。いい写真が撮れればそれでいいじゃん、みたいなノリでしたね。スタッフが気持ち良く現場の仕事を終えられることが、誌面にも出るんだなあということもわかってきました。こっちが『せっかく予約したんだから』と社員っぽいことを言えば、みんながシラけちゃって、そんなテンションの写真しかあがってこない。だからこそ、現場の空気を大事にしたいって思っていました」。

その頃から、小川さんは「もしかしたらフリーの方が向いているのかもしれない」と感じ始めていたのだという。一緒に仕事をしたフリーランスのスタッフからも、絶大な信頼を得ていた。彼ら、彼女らと仲良くなったのは、「私はこれがいいと思う」という意見をきちんと持っていたからだ。「自分が好きか嫌いか。それさえちゃんと持っていれば、もし意見が違っても相手と話し合うことができます。へんに評論家ぶるよりも、自分が感じたままに正直にものを言う。そうするとみんな納得してくれるんですよ。そして〝意見を持った私〟を信頼してくれたのだと思いますね」と語る。

「どうしてそんなに明確に、好き嫌いを言えるようになったのですか?」と尋ねてみた。すると、こんなエピソードを話してくれた。「私は高校生のとき、滑り止めと思っていた女子校に行くことになってしまったんです。あの頃は私の暗黒時代でしたね(笑)。『こんなはずじゃなかった』と思いながら、音楽や映画が好きだったので、ひとりでビデオを借りてきて耽美的な映画をひたすら見たり、好きなアーティストの音楽を聴いたりしていました。周りは私が冬眠していると思っていたみたい(笑)。そういうカルチャーに触れる中で、『あ〜、これ好きだわ〜』とフツフツと熱狂する気持ちをひとりで育てていました。大学に行くと、その好きだったものをきっかけに友達の輪が広がりました。『なになに、あのバンド好きなの?』って感じ。好きなものを持っている強みを、そのとき身をもって感じたんです」。なるほど誰にでも、好き嫌いのアンテナを育てる時期があるのだと納得した。ものさしの作り方は人それぞれだ。

世の中のことをまだあまり知らなくて、自分のことを「なんてちっぽけなんだろう」と思うとき、「これが好き」と言い切るのはなかなか難しい。「好き嫌い」は、自分の心の中にあるはずなのに、はっきりと言い切る自信が持てない。たぶん、それは「これが好きって言ったら、人はどう思うだろう?」と無意識のうちに考えているから。「これが好きな私ってどうよ?」と自分へ向けられる視線を気にしてしまう……。そ

生活の中で、ふと頭に浮かんできたことを、スケッチブックに書き留めておくように綴った作品『sketch 1』。

下右／初めて夫婦で自費出版で製作した『Table Talk』。右／自分たちが家作りを体験したのを機に、10組の家族の家にまつわるストーリーを綴った『家がおしえてくれること』。下左／『sketch 1』では、子どもの本専門店「メリーゴーランド」店長の鈴木潤さんと小川さんの対談を掲載。『sketch 2』では、写真家の岡本真菜子さんと「思い通りに人生を泳いでいくこと」をテーマに語り合った読み応えのあるルポも。

してあたりを見渡して、「あの人があれを好きって言ってるから、私も手に入れてみようか」と買ってみたりする。そんな他人まかせの自分に失望することも。けれど、価値観がしっかりと定まるまでの間、自分の軸がぶれる時期だってきっとある。それは悪いことではないのだと思う。フラフラしている時間もそれは必要なのだ。誰かの真似をして買って、使ってみて、理解する。そうやって経験を重ねながら、次のジャッジのための目盛りを自分に刻む。大切なのは、たくさんものを見て、真似をして、ときに「いいなあ」と感動し、ときには途中で飽きてしまい、それでも、と残るものを自分の中に蓄積していくことなのだと思う。

ファッション雑誌に関わって約6年。「楽しすぎて、自分が何をやりたいのかと考える暇もなく、目の前にくる仕事をひたすらやっていた時期でしたね」と語る。やりたい仕事に、自分の力を120%注ぐ日々は、きっと充実していたに違いない。ところが、28歳ぐらいになった頃、だんだん居心地が悪くなってきた。トレンドの移り変わりと共にだんだんと雑誌の売り上げ部数が落ち、編集方針も方向転換せざるを得なくなっていた。若手クリエイターの登竜門的なファッション誌だったのに、読者モデルがたくさん登場するにぎやかな誌面に……。そんなページ作りにとまどった。小川さんは、一旦別の編集部へと異動になった後、副編集長として呼び戻されたが、自分が望まないテイストの雑誌では、その役職はなんとも座りが悪かったのだという。さらに、立場が上になると、仕事のペースも自分だけの都合で決められなくなってきた。「私は、若い頃から朝型で、早朝みんなが出社する前に会社に行って、電話が鳴らないしんと静まった編集部で原稿を書き上げるのが好きだったんです。その代わり夕方

115

庭に面した8畳と6畳の和室をつなげてフローリングにし、リビングダイニングに。障子越しの柔らかな光が、美しい陰影を作る。ダイニングテーブルは「パシフィック・ファニチャー・サービス」でオーダーしたもの。

「縁側がこの家の主役なんです」と小川さん。椅子を並べると、ちょっと気分転換できるカフェ風のスペースに。

はさっさと帰りたい(笑)。でも、全体を見なくてはいけない立場ではそうもいかなくて……。フリーの友人たちが打ち合わせを終えて帰っていくのが羨ましかったですね。私は自分のペースを守れないことが、すごくイヤなんだなということを改めて発見しました」。

こうして、迷いなく29歳で会社を辞めた。すぐに、以前の仕事仲間だったフリーのカメラマンやスタイリストたちが次々に仕事を紹介してくれて、あちこちの女性誌のファッションページを任されるようになったそうだ。いかに小川さんが、仕事仲間から慕われ、一目置かれていたかがわかる。「当時がいちばん忙しくて、収入も多かったですね」と語る。順調にフリーの編集者兼ライターとしてのスタートを切ったものの、仕事を続けていくうちに、やりたいことの内容が少しずつ変わっていくのを感じ始めた。「デザイナーにインタビューをしたり、もの作りの現場を取材するうちに、ファッションのビジュアルページを作るより、洋服の背景や作り手の物語の方に興味が湧くようになりました。自分でも『こっちだな』と感じて」。そんな想いはどんどん膨らんで「もっとじっくりと書きたい」と思い始めた。

ちょうどその頃、雑誌のプレスツアーで知り合ったご主人小池高弘さんと結婚、36歳でひとり娘を出産した。「出会って11か月で結婚して、その翌年には出産。人生前半のピークがきている！　って感じでしたね。子どもを産んだら仕事をどうしようと迷うより、産んでからどういう形が続けられるか考えればいい、それが可能なのがフリーランスなんだからって思っていました」と語る。

「機が熟す」という言葉がある。木の実が熟してぽたりと地面に落ちるよう、すべて

夫婦ふたりとも食べることが大好き。カフェの厨房で働いていた経験のある小池さんは、料理の腕もかなりのもの。特にカレーはいつもお任せなのだとか。「ただし、片付けをまったくしないので、私が隙間を縫って、洗い物をササッとすませるんです」と笑う小川さん。キッチンには、以前の家で使っていたダイニングテーブルを置き、カウンター代わりに。ご飯は毎日土鍋で炊くそう。

文筆家　小川奈緒さん

のものごとが、まるで初めからそうなることが決まっていたかのように、同じ方向へ向かって動き出す……。無理やり自分の力でグイと舵を切るよりも、そんな実りの時期を待った方がものごとはうまくいくような気がする。木の実に早く熟せと言ったところで、自然の営みのスピードは変えることができない。きっと自分の成長も、多少の努力でスピードアップはするにしても、社会の情勢や周りの環境や、人との出会いや、その人だけが持つ人生のスケジュールなどが複雑に絡まりあって、ベストな「そのとき」が産み落とされるのではないか。そして、その時期は自分の力だけではコントロールできない……。大切なのは、絶えず目配りをし、耳をすませて「そのとき」を見逃さないこと。

「私の代わりっているんだ」と気づいた日

雑誌のテイストが変わったこと、フリーランスになったこと、書きたいものが変わってきたこと、そして結婚、出産……。さまざまな経験と、人生の流れがひとつになって、出産後の小川さんの前には、自然に新たな道が開けようとしていたようだ。子どもを産んでも仕事を続ける……。それは揺るぎない考えだった。「母の影響が大きいですね。うちの母は、専業主婦だったんですが、3人兄妹の末っ子だった私が小学校に上がったのを機にパートに出て、そこの会社でメキメキ才能を発揮し、社員になってほとんどトップに近い地位までになった人なんです。子どもながらに、生き生きと

変わっていく母親の姿を見て、かっこいいなあと思いましたね」。

ただ、出産後、思わぬ痛みを味わった。子どもが1~2歳の間は、物理的に以前と同じペースでは仕事ができない。ずっとレギュラーでもらっていたページの仕事も仕方なく断るようになった。「私から別の人に変わっても、できあがった雑誌を見たらなんの遜色もない……。そのことに愕然としました。私の代わりっているんだ、と見せつけられた思いでしたね。子どもにとっての母親は、私しかいません。その母親業をちょっと横においてまでやろうとする仕事なら、私でないとできないものじゃなくちゃ、と思うようになったんです。ハッと目が覚めたような気分でした」。

私も同業だからこそ、小川さんの落胆が手に取るようにわかる。ただ、すごいなあと思うのは、「私でないとできないもの」をすぐに見つけられたということだ。ずっと話を聞いていると、小川さんは「考える人」なのだなあとしみじみ思う。目の前の仕事を必死にこなしながらも、いつもきちんと頭を使って考える。なぜ、この仕事をし、どこが楽しくて、これからどこへ行きたいのか。その訓練ができていたからこそ、次の一歩を出すことができたのだろうと思う。

自分らしさって何だろう? 私の個性って何だろう? それを見つけるための方法は、「わがままになる」ことなんじゃないかと思う。私は若い頃からずっと優等生体質で、無意識になんでも平均点を取ろうとしてきた。だからこそ、はちゃめちゃでもいいから、「これだけは」という特技がある人、バランスが悪い人が羨ましかった。人がなんと言っても私はコレがやってみたい。そんな「わがまま」を言っちゃいけないんじゃないか……と考える人は案外多いように思う。でも、「何が食べたい?」と聞いて「なんでも」と答える人より、「辛味たっぷりの麻婆豆腐が食べたい！」と無邪気に答える人の方が、ずっと魅力的だ。「私が食べたいものより、あなたが食べたいものを」と考える優等生的態度より、「私はこれが食べたい」と言い切るわがままの方が、人生を面白くする。そして、歳を重ねて、「私はコレ」と少しずつ言えるようになってきた今、ふとあたりを見渡して思うのだ。「なんだ！　言っちゃっても、みんな受け入れてくれるじゃない」と。「自分らしさ」は、自分を外に出さないと生まれてこない。それを怖がっていては、いつまでたっても「私にしかできないこと」は見つけられないのだ。

何かをやってみることは、それをやるための「環境」をつくること

小川さんは、ファッション雑誌の華やかなビジュアルページを作るより、じっくり自分に向き合って書くことを選んだ。ただし、いくら「書きたい」と強く願っても、周りの人はそんな思いを知る由もない。そこで、夫の高弘さんが個展を開くときに、ふたりで本を作ろうというアイデアを出した。小川さんがエッセイを書き、高弘さんのイラストと交互に載せる。こうして自費出版でできあがったのが『Table Talk』という作品だ。デザイン料も印刷代もすべて自腹。「高い名刺代わりですね」と笑う。その後『sketch 1』『sketch 2』と作品作りは続いた。

キッチン横の4畳半が小川さんの仕事部屋。窓に面した横長の机と本棚を作りつけてもらった。壁面の棚には、保存版の書籍や雑誌がずらりと並ぶ。腰高の本棚は白く自分でペイントしたそう。机の上を片付けて、きれいに掃除してから、仕事に取りかかる。

手がけている雑誌や、書籍など仕事ごとにひとつのクリアファイルを用意。そこに書類を入れ込んでいく。家電の説明書から名刺や、仕事の資料までは、すべてお揃いのファイルで管理。

以前、妙齢の女友達とご飯を食べていたら、男性に「モテたい」か「もうモテなくてもいいか」という話になった。ひとりがこう言った。「モテなくていい、って諦めたときから、女性はフェロモンが出なくなるんだって」。確かにそうだよね〜とみんなで納得したのを覚えている。「モテたい」と思えば、服の選び方も髪型もそしてメイクも変わってくる。そんな心の作用でホルモンが分泌され、フェロモンが香り立つ！　下世話な例で恐縮だが、これと同じことが「こんな仕事をしたい！」という決意表明でも起こるのではないかと思うのだ。小川さんの「書きたい」という夢は、それを口にし、行動を起こしたときにきっと、もう叶い始めていたのだと思う。

それ以前に小川さんはホームページを立ち上げ、ほぼ毎日ブログを更新している。訪れてくれる読者は一日１５００人以上にものぼり、メールでメッセージを寄せてくれる人も多い。それに毎回丁寧に返事を書く。「ブログでは、みなさんが私にどんなことを求めてくださっているのかを知ることができます。その人たちが読みたいのは、長い文章ではなくて、さくっと読めるんだけど何かが残るというもの。だから意識的にそぎ落とし、１本はこれぐらいで読み終えるっていう文字量にしますね」。毎日ブログを更新し、メールの返事を書くのは並大抵のことではない。つまり、小川さんはそれを続けられるよう仕事量をコントロールしている、ということだ。

何かをやってみるということは、それを続けるための「環境」をつくることだ。私はずっと長い間、この当たり前のことに気づかなかった。「やりたいのに、やっぱりできない」「でもやらなくちゃ」の間をぐるぐる回っていた。どんなに「想い」が強くても、それだけでは「形」にはならない。必要なのは毎日の中に、それができる「時間」をつくること。「絵を描く仕事がしたい」「料理を仕事にしたい」と思ったら、早く起きて1時間絵筆を握るとか、夕食の準備の前に、もう1品作る時間を確保するなど、昨日までの毎日を変えなくては何も始まらない。やりたいことを見つけたら、自分の24時間のどこにそれを落とし込めるか、とイメージしてみる。そして、どうしてもその時間が取れないなと判断したら、「今はまだそのときじゃない」と諦める。環境づくりを意識してみると、やりたいことが具体化する。

自費出版で本を作ったのち、今度は出版社でもエッセイを出したいと、企画を持って売り込みに行った。そして、２０１３年『家がおしえてくれること』をKADOKAWAから上梓。10組の家族の家と暮らしにまつわるストーリーを綴った。執筆の間は、集中できるようにほかの仕事はすべて断ったというから、その肝の座り方に驚く。

「出版後はありがたいことに、次にこういう本を出しませんかというお話もいただくようになりました。でも、望まれるテーマと私が書きたいことが一致しないこともあって……。そんなときは焦らずにもう少し時間をおくようにしています。私ね、一生本を書き続けたいと思っているんです。本って、その1冊1冊が作品になるので、ミュージシャンがアルバムを作るように、その1冊を大切に作りたいんですよね」。

「もっともっと」と働くことをやめた日から自分の人生の主人公になる

実は、じっくり書く仕事にシフトしてからは、ファッション誌のエディターをやっていた頃より収入は半減したそうだ。でも、「収入は少なくなったけれど、私には作品が残ったんです。この作品はきっとこれからいろんな形で活かされていくはず。ひもじい思いをするわけじゃないし、これでいいんじゃないかと思って」と明るく語る。その様子は、まるでもうひとりの小川さんが、今の姿を観察し、分析しているかのように、ロジカルで迷いがない。

やりたい仕事と収入が必ずしも結びつかない……。そのときが、きっと自分の人生を〝シフト〟するチャンスなのではなかろうか？　小川さんは家を買い、田舎に引っ越したことで、生活をひとまわり小さくした。「ファッションの世界にいれば、展示会に行って、新作を買って……とどうしても洋服代がかかりますが、その数を絞って、外食もしなくなりました。いっぱい働いていっぱい使う生活から、手がける仕事を吟味して必要なものだけを買う生活になったかな」と語る。

「もっともっと」と稼ぐことをやめる……。それは結構勇気がいる。若いときには頑張った分だけが「お金」という評価で自分に返ってくるのが嬉しいものだ。でも、おそらく「お金」の呪縛から離れたとき、初めて自分が自分の人生の主人公になれるのではないかと思うのだ。人の評価に人生を預けることから降りて、自分だけの指針を手にしたときから新たな道が始まる。そんなリ・スタートはおそらく40代、50代になってからだろう。そのスタートラインは、20代での初めての就職のように、華やかに祝福してはもらえない。けれど、もし軸足を変えて、新たなスタートを切ったとしたら、もっと盛大に自分で自分をお祝いしてあげてもいいんじゃないかと思う。

「『人生の仕事のピークは、後になればなるほどいい』と、夫から教えてもらったんです」と小川さんは言う。「絵描きは、描けば描くほど上手くなると言われているので、思うような線を描けるようになるのは、人生の後半なんですって。文章もきっとそう。歳を重ねて大人になればなるほど輝けるって、なんだかこの先楽しみになりますね」。

普通なら、人生のグラフは山形の放物線を描き、尻すぼみになる、と考えがちだ。そんな既存の概念を吹き飛ばし、仕事のピークを「後ろになるほどいい」と信じる。そんな小川さんの話を聞いていると、私の将来まで、明るく照らされているような気がして嬉しくなってきた。コツコツと毎日水をやり続けていれば、20年後、30年後にきっとおいしい実が実る。あれこれ心配するよりも、そんな実をがぶりと食べる日をワクワク待ってみたいと思う。

ダンスコ日本総輸入元　ブランドディレクター

荒井博子さん　45歳／夫とふたり暮らし

1 あなたの仕事はどんな仕事ですか？
仕事内容について教えてください。

アメリカの靴のブランド、dansko、OTZ shoesの日本総輸入元の会社、seastar,incを立ち上げて　ブランドディレクターをしています。日本での展開する靴を選び、日本でどのようにPRするかを考えています。

2 どうしてこの仕事を
選んだのでしょうか？

アメリカに住んでいるときに見つけたダンスコを、気がつけば毎日履くようになりました。ふと日本の皆様にも届けしたいと思ったため。

3 この仕事に就く前の
職歴を教えてください。

専業主婦になろうと思っていました。

4 今の仕事の収入に満足していますか？

はい。会社を始めた2年位は収入がなく、日に日に減っていく全財産＋借金。本当にどうなるのかと思いました。

5 「自分らしく働く」とは
どんなことだと思いますか？

自分が好きなモノ、コトを仕事にすること。自分の時間と仕事の境界線があまり無いように働けることを探したらいいように思います。

6 仕事以外で夢中になっていること、
好きなことがあれば教えてください。

ダイビングに凝っています。きれいな魚を見たり海を探検したり、なぜか海に入ると自分が生かされている事、そして地球が大きいことなどを感じてとてもリラックスします。今後も、ゆるーく続けていこうと思っています。

7 仕事と暮らしのバランスは
どうやってとっていますか？

疲れてしまったら休む、海外旅行や温泉などでゆっくりします。

8 時間の使い方で工夫していることが
あれば教えてください

午前中に仕事を片付け、午後は突然のお誘いやチャンスにできるだけ余裕で対応できるような体制にしておきます。メールなどの雑務に追い込まれていると、せっかくのチャンスを逃してしまいそうなので。

9 これからの夢があれば
教えてください。

おばあちゃんになったら海のきれいな所に住んで材料にこだわった石鹸を作ってお店でも開けたらいいな～と思います。

ずっと飽きずにひとつの仕事を進化させ続けるには？

気がつけば、この仕事を始めて
あっという間に
10年、20年がたっていた……。
と語る人がいる。
まだまだ毎日新しい発見があるし、
知らないことがたくさんあるのだと言う。
そうやって、自分の仕事を
常に新鮮な目で見つめるには、
自分と仕事の間に
どんな関係を結んだらいいのだろう？
昨日の続きの明日ではなく、
マンネリに陥ることなく、
絶えず自分の仕事に
新たな風を吹かせるには
どうしたらいいのだろう？

リベスト勤務
山田妙子さん

やまだたえこ
1961年生まれ。27歳で吉祥寺の不動産会社「リベスト」に入社。中道通り店の店長となる。現在は店舗を中心に借り手と貸し手を結びつける仕事を手がけ、最近では賃貸物件を建てる段階から、アドバイザーとして参加することも増えている。
http://www.libest.co.jp

「他人事《ひとごと》」が「我《わ》が事《こと》」になったとき、仕事はぐんと楽しくなる

リベスト勤務　山田妙子さん

今「住みたい街ナンバー1」と言われる吉祥寺には、中道通り、昭和通り、大正通りという3つの路がある。そのいちばん賑やかな1本が中道通りだ。まだどの店もがシャッターを下ろし、街が目覚める前の朝、箒とちりとりを持ち、キビキビと掃除をする女性がいた。出勤途中の駅へと急ぐ人たちの邪魔にならないように気を配りながら、道の端っこにたまった落ち葉までひとつ残らず掃き清める。私もこの街の住人なので、何度か見かけたその姿に、きっとこの人は今の仕事が大好きに違いないと思っていた。それが、吉祥寺や三鷹を中心に賃貸物件を取り扱う不動産会社「リベスト」中道通り店・店長の山田さんだった。

家やアパート、マンションなどを貸したいという大家さんから物件を預かり、吉祥寺に住みたいと物件を探しにくる人に紹介する。あるいは、店を出したいという人に店舗を斡旋する。それが山田さんの主な仕事だ。20代から働き始め、キャリアを重ねた今は、店舗を担当することが多いのだという。「たとえば、第一ホテル裏のエリアは、昔はお店がほとんどなくて暗い路地でした。そこに、新しいビルができて、初めに和食の店が1軒入り、それに誘われるようにいろんな店舗がやってきて、その路地裏の雰囲気ががらりと変わったんです。借り手と貸し手を結びつけながら、吉祥寺の街づ

くりをしているようで、ああ、この仕事って楽しいなあと思ったんです」と語る。

ときには「この場所には、こんなお店があったらいいのに」と想像力を膨らませ、ぴったりのテナントを探し出すこともあるのだという。たとえば今、東急デパート裏にセレクトショップ「シップス」の吉祥寺店がある。20年以上前に「リベスト」が担当した店だ。「当時、『シップス』は、井の頭公園側の住宅地の中にポツンとあったんです。私はその頃『シップス』の洋服が大好きで(笑)。それを伝えたら、私の上司が人通りの多い東急デパート裏へと、引っ張ってきてくれたんですよ」。そのほかにも、「あのお店が吉祥寺にあったらなあ」と常に思い巡らせて、空き物件があると、自分が大好きで、でもなんのコネクションもない会社へ、「ちょうどいい物件があるのですが……」と手紙を書いたこともあるのだという。

どんな仕事でも、そこに「私事《わたくしごと》」を入れたとたん血が通い始める。仕事には、「私」が昨日食べたものや、出会った人や、好きな音楽などは一切関係がない。けれど、「仕事は仕事」と割り切ってしまうより、そのどこかに自分の生活のディティールをリンクさせた方がずっと楽しいし、やりがいが生まれると思うのだ。仕事のプロジェクトが始まるときに、「こうしたらもっと良くなるんじゃない?」という提案を、昨日の私の1日の中から導き出す……。それは、ほんのささいなことかもしれないけれど、日々の「実感」から生まれているから、何よりも説得力があるはずだ。「私事」を入れたとたん、「仕事」は「他《ひ》人事《とごと》」から「我《わ》が事《こと》」になる。「我が事」になったとき、仕事の面白さはぐんとアップするのだと思う。

独身時代は自動車関係の会社で働き、結婚して退職。「働く気なんてさらさらなか

ったんです」と笑う。しかし結婚2年目、26歳のときに、ご主人が交通事故で突然他界。当時娘さんはわずか2歳だった。その頃のことを山田さんは多くは語らない。でも、どれほど混乱されたことか……。しばらくは娘さんと一緒に実家に戻ったが、家にずっと居たくなくて、歯科医でアルバイトを始めたのだという。そのときはまだ、仕事をしようとは思っていなかったそうだ。「親が商売をしていたので、恥ずかしながら、親子ふたりで何がなんでも食べていかなくちゃという焦りみたいなものはなかったですね。なんとかなるわ、って思ってたかな」。ときを同じくして、友人が不動産屋で働き始めた。「不動産屋は、車でお客様を案内するものですが、うちは実家の家業が車関係だし、私は免許も持っていて運転も好きだったので、『あなたにぴったりよ！』と勧められたんです。それで、大した考えもなしに『そうかな？』と軽いノリで就職することにしました」。

半年その会社で働いたのちに、当時創業したばかりだったという「リベスト」に転職。「リベスト」は、他社とは違い、女性を積極的に採用し、「女性が働きやすい環境を」と目指した会社だ。ちょうど昭和から平成に変わるぐらいの時期、大手企業の社員や、芸能人が吉祥寺に多く住み始め、街が生き生きと輝き始めていた。それを目の当たりにしながら、山田さんは仕事をスタートさせたというわけだ。「今まで、仕事といえば1年半ぐらいしか続かなかったのに、2年、3年と飛ぶように年月が過ぎて行きましたね」。平成3年に中道通り店ができ、山田さんはそこで1年働いた後、店長となった。あれから23年。仕事をしながら吉祥寺の街の変遷をつぶさに見続けてきたことになる。

町内会の副会長も務めるという山田さん。朝は店の周りはもちろん、２～３軒隣まで掃除をする。

「信頼」という貯金を使えるときが、きっとやってくる

リベスト勤務　山田妙子さん

山田さんの朝は早い。7時30分頃には出勤し、ほかのスタッフが来るまでの間にひと仕事する。「いきなり仕事に入ると、あたふたして自分がなくなっちゃう気がするんです。だから、メールをチェックしたり、昨日の夜のやり残しをしたり。ウォーミングアップですね」。そして8時ぐらいから店の周りの掃除を。朝礼後9時に開店だ。日中はほとんどが外に出ているという山田さん。ついていってみると、「ああ、こんにちは！」「あれ、お元気ですか？」ととにかく知り合いが多い。そして、誰かに会うたびに、丁寧に頭を下げて挨拶をする。その腰の低さは、謙虚な人柄をそのまま表しているようだった。そして、挨拶が終わればスタスタ歩く。その速いこと！「なるべく街のあちこちをきちんと見ておきたいと思っています。ああ、あそこの物件空いたなとか、こんな新しいお店が入ったんだなとか」。

大正通りは、「ギャラリーフェブ」から、北欧カフェ「モイ」、そして「サンク」、生地の専門店「チェックアンドストライプ」と、ここ5～6年でおしゃれな店がどんどん集まり「吉祥寺の北欧通り」とも呼ばれている。始まりは「モイ」のオーナーが、「リベスト」に物件を探しにきたことだった。「あそこがいいな、とピンときた物件があったのですが、うちの取り扱いではなかったんです。でも、知り合いの不動産屋が管理していたので、声をかけてみました。するとすでにもう1軒引き合いがきている

上、オーナーさんが『飲食業はちょっと……』と言っているらしくて」。そうこうしているうちに、候補の隣の物件も空くことになった。『モイ』のオーナーが、もう1人北欧雑貨店をしていて、物件を探している人がいますって、連れてきてくれたのが『サンク』さんだったんです」。こうして、人から人へとバトンが渡っていく。最後にバトンをつないでくれたのは、「ギャラリーフェブ」のオーナー、引田かおりさんだった。「引田さんが大家さんに『ここにサンクさんとモイさんが入ると、ぐっと良くなると思うよ』って一言言ってくださったんです。それで決まりでした」。

自分の手を離れた場所で、ものごとがいい方向へとどんどん回転し始める。それが「信頼」という力なのだと思う。信頼は一朝一夕では育たない。普段、人にどう接し、その人のためにどう自分の時間を使い、どんな会話をしてきたか。その小さな行ないのひとつひとつが積み重なって、いつしか「信頼」という力になり、自分を助けてくれるのだ。以前、取材をさせていただいた先輩女性から「50歳を過ぎた頃から、今まで蓄えてきた貯金を使えるようになるわよ、だから楽しみにね」と言われたことがある。40代ではわからなかったその言葉の意味を、今、少しずつ噛み締めている。心を尽くして結んだ人との縁は、必ず自分に返ってくる。そのときの嬉しさは、もしかしたら仕事が成功する喜びよりずっと大きいかもしれない。

引田さんは、山田さんのことを「ギフトを持って仕事をしている人なんですよ」と教えてくれた。「リベスト」中道通り店には、たくさんのスタッフがいる。「すぐに物件が決まる人と、なかなか決まらない人の違いはなんですか?」と聞いてみた。すると「『気づく』と『見える』が大事かな」と山田さん。「ワンルームマンションひとつとっても、広さは同じでも、そのロケーションによって大きく印象が変わるんです。このお客様は、多少狭くても見晴らしがいい部屋の方がお好みじゃないかな、と〝察する〟ことができるかどうかが大事ですね」。春は地方から上京し物件を探しにくる人が多い。「夕暮れどきに物件を見にいって、やっと「ここ」と決めて、その日帰らなくちゃいけない方もいるんです。次に来るのはもう引っ越しのとき。そうなると、昼間の写真を撮って送ってあげたら喜んでくださるかなあとか、部屋のここの寸法だけ測って教えてさしあげたら嬉しいかもなあとか……」。そうか、これが山田さんのギフトなのだ、と納得した。「たとえば、外出先からお店に戻ってきたら、椅子が曲がっていることがあります。スタッフの中でも、それを『ああ曲がっている』と見える子と見えない子がいます。見えたらさっと直すでしょう？　そうすると、その後入ってきたお客様が気持ちがいい。本当にちっちゃなことなんですけど」。

どんな仕事でも、必要なのはきっと「想像力」なのだ。百貨店で買い物をし、あれこれ小さな紙袋を持っていたとき、「ひとつにまとめましょうか？」と言ってくれるときがある。それは、店員の方が大きな袋ひとつのほうが、きっと帰り道にラクだろうなあと〝想像〟してくれたからだ。そんな店にはまた行きたいなと思う。電話でスケジュールを伝えた後に、もう一度メールでスケジュール表を送っておくことも、書類を返送してほしいときに、切手を貼った返信用の封筒を同封することも、書類をデスクに置いておくときに、「お願いします」とひと言書いた付箋を貼っておくことも、みんな「想像力」から生まれる。どんな大きな仕事も、小さな想像力に支えられている。

店には「借りたい」人だけではなく「貸したい」人もやってくる。ここでも山田さ

上／外出の際も必ず制服で。街を歩きながら、人の流れや流行の店などをチェックすることも大切な仕事の一部。下右／「サンク」(http://www.cinq-design.com）の保里享子さんと。この日は定休日だったが、右隣が保里さんを紹介してくれた、北欧カフェ「モイ」。サンクの２号店となる「サムエルワルツ」も山田さんが担当した物件。下左／「ラウンダバウト」「アウトバウンド」店主小林和人さんもお客様のひとり。かつてドライフラワーの店だったこの場所を、山田さんが小林さんに紹介した。「吉祥寺の街中ではあるんですが、少し人が途絶える場所にある。その静かさが気に入りました」と小林さん。

古い賃貸の一軒家に自分で手を入れて暮らしている。週末になると友人たちと海へ。「実は泳げないんです（笑）。でも、ボディーボードなら落ちないから」。

んは大家さんの身になって的確なアドバイスをする。「物件を大切にされている大家さんは、ご自分で掃除をされて入居者さんともいい関係を築かれているんです。でも、中には、ほとんど掃除をしない方も。そういうときは、『お掃除業者入れましょうよ』とちゃんと言いますね」。賃貸を目的としたアパートやマンションを建てる場合は、どうしたら稼働率の高い物件になるかを考えて、ハウスメーカーと一緒に物件作りをするそうだ。「かっこいいのと使いやすいのは違うんですよね。その点ハウスメーカーは、顧客のニーズを研究しているので、とてもいい感じに仕上げてくれるんです。建てる前だとこちらの希望を取り入れてあれこれ変更も可能ですし。私なんて『ハウスメーカーっぽくしないでください』なんて注文つけちゃうんですけど」と笑う。

仕事が休みの日は、ボディーボードを持って友人たちと海へと出かけるそうだ。

「この頃はやっと日焼け止めを塗るようになってマシになったけれど、一時は真っ黒で、制服を着て吉祥寺を歩いていたらかなり目立っていましたね」と笑う。出かけない日は自宅の草取りを。娘さんは今年30歳になり、結婚が決まって渡米する予定だ。

「子育てはかなりほったらかしだったから、寂しい思いをさせたと思います。でも、自分の道を自分で切り開いてくれました。本当にあっという間だったなぁ」。

夜9時過ぎ、「リベスト」の前を通ると奥に明かりが灯っていて、山田さんがひとりで仕事をしている姿が見える。ちらりと覗き見ながら、「やっぱりこの人は、仕事が大好きなのだなあ」としみじみ思う。どんなに疲れ切っていても、街角に灯る明かりの中に同志を見つけたようでなんだか元気が湧いてくる。そして、「この仕事が好き」というシンプルな思いを大切にしたいと改めて思うのだ。

WELCOME
24-25

農業、パン製造、料理家

田中久美子さん　40歳／夫、4歳、7歳、10歳の子どもと5人暮らし

1 あなたの仕事はどんな仕事ですか？
仕事内容について教えてください。

農家＋パン製造業＋料理家。夫婦で年間50種類から60種類の野菜を作り、畑や地元で採れる野菜や果物から酵母を起こした自家製天然酵母パンを焼いて販売したり、野菜を使った料理のレシピを提案しています。

2 どうしてこの仕事を
選んだのですか？

将来レストランを開きたいと思い、有機農家さんへ研修に行ったのですが、その当時農家として独立していた夫と出会い結婚し、この仕事を選びました。

3 この仕事に就く前の
職歴を教えてください。

パトリスジュリアン氏のレストラン・ブランジュリーで働き、アシスタントをしていました。

4 上記から転職しようと思った理由を
教えてください。

日々料理をする中で野菜や食材がどのようにできるのか、穫れたての味はどんな味なのか、一から学び、感じたいと思ったから。

5 この仕事をしていて「良かったな」と
思うことはなんですか？

「食」という、人間が生きていく中で一番大事な軸に携わることができ、食べる人に喜んでいただけること。いつも美味しい野菜がたっぷり料理し、食べられること。

6 いちばん苦労するのは
どんなことですか？

台風や気候の変化・害虫の発生の影響で、野菜が収穫できなくなることがあること。

7 あなたにとってのスキルアップは
どんなことですか？

夢に向かい、日々野菜を作り、料理をし、パンを焼くことを毎日積み重ねていくこと。

8 仕事と暮らしのバランスは
どうやってとっていますか？

仕事が暮らしでもあるので、母親としてのバランス、家族との関係を大事にするように心がけています。

9 これからの夢があれば教えてください。

畑近くに、食を中心にした暮らしにまつわるお店を持ちたいと思っています。レストラン、カフェ・ブランジュリー・雑貨など。

私の働き方

一田憲子

編集者・ライター　一田憲子

「今まで本当によく働いてきたよな〜、私」と思う。フリーライターになって、約20年。どうやってライターになるかも、どうやって仕事を得るかも、どうしたら好きな仕事ができるかも、まったくわからなかった。業界にツテもなかったから、すべては正面突破。好きな雑誌の編集部に「あの〜、仕事をやらせてください」と恐る恐る電話をかけるところから始まった。臆病者なのにプライドだけはイッチョマエという自分に、そんなことができるなんて思いもしなかった。何も知らなかったからこそ、私にとって仕事づくりは、自分づくりそのものだった。そのことを今、とても幸せに思う。私は仕事によって育てられ、自分を発見し、ほんのちょびっとではあるけれど成長してきたように思う。

計画性ゼロ。いつも不安と共に

私が企画、編集を手がける雑誌『暮らしのおへそ』(主婦と生活社)を立ち上げたのは、今からちょうど10年前だ。1年に2冊ずつというゆっくりペースで作り続け、今年で20号になる。フリーライターという立場でありながら、丸ごと1冊自由に作らせてもらえる媒体を持つというのは、本当に幸せなことだと思う。創刊当時私はちょうど40歳になった頃で、初めての著書を出した少し後だった。ひたすら走り続けてきたけれど、ふと立ち止まってあたりを見渡したくなった時期だ。

「おへそ」というヘンテコな名前の雑誌を立ち上げようと思ったのは、まったく個人的な体験による。たまたま知り合いの編集者から「何か企画はありませんか?」と聞かれたとき、築40年という古い平屋に引っ越したばかりだった。引っ越しをすると、がらりと暮らしの環境が変わり、なんだか新しい人生が始まるような気分になる。突然張り切りモードになり、「朝早く起きよう」とか「ちゃんと毎日廊下を雑巾がけしよう」とか、あれこれ計画を立てた。ところが、当時夜中の2時3時まで原稿を書くのが当たり前という、夜型生活をしていたので、いきなり早起きをするなんてまったく無理だった。早起きができないと、拭き掃除なんてやっている時間はなく、コーヒー1杯を飲んでバタバタと出かけていく。そんな生活は、今までと何ら変わりはなかった。そして、「ああ、習慣って、変えるのが難しいんだなあ」と心の底から思ったのだ。そんな体験から「もしかしたら、人の暮らしは、ひとつひとつの習慣の積み重ね

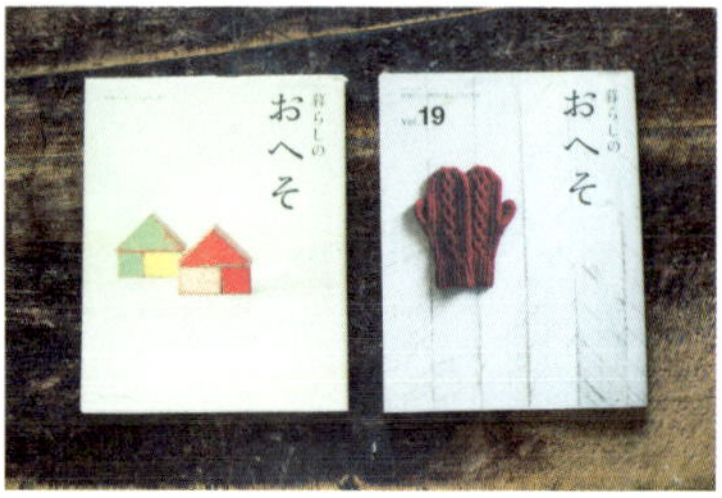

編集者・ライター　一田憲子

でできているのかも」「習慣をひとつ変えてみたら、暮らしも人生も変わるのかな?」「だったら、習慣を切り口にした雑誌を作ってみたらどうだろう?」と考えたというわけだ。同時に、自分の軸となるもの↓自分を支えてくれるもの↓自分の中心↓「おへそ」というイメージが浮かんできた。こうして、『暮らしのおへそ』が生まれたのだ。

立ち上げた当初、まさかシリーズ化されるなんて、そしてこんなに長く続けられるなんて思っていなかった。つまりは今よりはずっとお気軽な気持ちで始めたのだ。そんな雑誌が今では、私の仕事の中心となり、「おへそ」という名前も少しずつ世間に知ってもらえるようになった。仕事の始まりなんて、そんなものなのかもしれない。どれほど大切な存在になるかなんて、最初から見えはしないのだ。

私の仕事の仕方は、いつもこんな風だ。つまり計画性ゼロ。5年後10年後のことなんてまったく考えないし、1年先のことさえわからない。すべてが「初めて」のことだらけだったから、どう計画していいかさえわからなかったのだ。やってみて、何かを感じ、その実感の中から何かを導き出して、それを糧に前に進む。そうやってずっと働いてきた。先が見えないから絶えず不安だった。「パタリと仕事がこなくなったらどうしよう」と、いつも心の中にモヤモヤとした不安を抱えていた。6畳ひと間のワンルームに住んでいた20代の頃、仕事から帰る道すがら、明かりの灯った家々が、ものすごく幸せそうに見えたものだ。今では、さすがに「不安がる」ことにも疲れてきて、「ま、いいか」と思えるようになった。でも、あの夕暮れどき、空を見上げながら家へと急いでいた若い頃の自分を愛おしく思う。

ヒリヒリとした不安は、自分の感度を上げてくれる、と思っている。足の下がス～

ス～するような不安があるからこそ、ひとつ仕事が終わっても、「次は、こんなところを工夫してみよう」と自分をバージョンアップする。もうちょっといい文章が書きたいと思うからこそ、取材先で「だいたい話が聞けたな」と思っても、最後にもうひとつだけ質問してみようと思う。するとポロリと本音が聞けたりするものだ。仕事の質は、最後のひと匙でぐんとアップする。私はずっと自己肯定力が希薄だから、「どうして、こんなに悲観主義なのだろう?」「もっとあっけらかんと自分を信じられたら、どんなにラクだろう」と考え続けてきた。でも、不安によって私は自分のエンジンに着火し、なんとかここまで飛んできたのだなあとも思うのだ。

OLから突然編集者&ライターに

小学校5～6年生のときの恩師に憧れて、小学校の先生になりたいと思っていた。けれど当時の共通一次試験で失敗。受験に疲れ、二次試験を受ける前に、とっとと諦めて、神戸の女子大に入学した。本を読むことも、雑誌を眺めることも大好きで、将来は出版社に勤められたらいいなあと、漠然と考えていた。けれど、関西在住だったので、出版社はほとんどが東京でなす術がない。親は実家から通えるところでないとダメだと言う。今から思えば、いろいろな方法があったと思うが、どうしたらいいのか皆目検討もつかず、結局親の言いなりに商社に就職した。心の奥底に「何かがやりたい」という思いを抱えていたものの、外から見れば女子中、女子高、女子大あがりの何にも知らない甘ちゃんだった。

就職すれば、どんな洋服を会社に着ていくかがいちばんの関心事。時代はバブル全盛期でワンレングス、ボディコンが大流行。私も紫やオレンジ色などのスーツを着込み、ソバージュの長い髪で、ヒールを響かせ通勤していた。そんな話をすると、「えー、信じられない〜」と今の仕事仲間たちはみんな悲鳴をあげる。仕事が終わると先輩に誘われてディスコに踊りに行ったり、同期の女の子たちとおいしいものを食べに行ったり。私も含め周りの友人たちはみな、早くかっこいい男性《ひと》を見つけて結婚し、寿退社するのが夢だった。それなりには楽しかったけれど、心のどこかで絶えず「何かが違う……」とも思っていた。当時、私は「早く年寄りになりたい」と思ったものだ。いい大学を出て、いい会社に就職し、そこそこの人と結婚する。そのすごろくゲームを早く「あがって」しまいたい。「あがって」しまえば、もう焦ったり、心配したりすることもないんじゃなかろうか……。歳をとって平穏に暮らすっていいよなあ、なんて考えていたのだ。まさかその後、ジェットコースターのような日々を送るなんて想像もしなかった。

出版の仕事の端っこに関われるようになったのは、結婚がきっかけだった。親の反対を押し切って、駆け落ち同然で結婚した人は、東京で小さな広告代理店&編集プロダクションを営んでいた。そして、まだバブルの残り香がかすかにする時代、海外不動産やリゾートを紹介する本を作っていた。まったく編集経験なんてないのに、すぐにその仕事を手伝うことになった。結婚し、上京してわずか1週間後にはオーストラリアに1か月の長期取材へ。弱小プロダクションだったので、コーディネーターやスタイリストを雇う予算はない。現地に着くと同時に、ホテルの電話でショップ取材の

アポイントを入れ、モデルを手配して、一緒にショッピングセンターに洋服を買いに行かねばならない。一応私は社長のツマだったので、「できない」とは言えなかった。めちゃくちゃなブロークンだけれど、今私が物怖じせずに外国人に話しかけられるのは、あのときに度胸がついたからだと思っている。あの頃、私は自分の背丈以上の、１２０％のことをアップアップ言いながらやっていたような気がする。今から思い返せば、プロとは言えない拙い仕事内容だった。でも、これが、私が雑誌の仕事をするようになる細い細い橋の１本になったのは確かだし、何よりも「自分の能力以上のことをやる」という体験は、心の筋肉を育ててくれたように思う。若い頃、なんだかわけがわからないけれど、やみくもに働く、というのは必要なことだと思う。「これは、私がやりたいことじゃないから」とか、「これは私には向いていないから」とやる前から諦めるのは、本当にもったいない。仕事内容がやりたいことと違っても、荷物の出し方だったり、電話のかけ方だったり、人への気遣いだったり、言葉遣いだったり、学ぶことは山ほどある。

ライターは原稿を書くだけが仕事じゃなかった！

結婚して2年ほどがたち、ようやく仕事にも慣れてきた頃、自分がやりたい雑誌の仕事をやってみたくなった。私が学生時代に夢中になって読んだのは『ＬＥＥ』（集英社）のインテリア特集だった。高橋永順さんの野の花あしらいや、土器典美さんが週末ごとに通う山の家や、堀井和子さんのテーブルセッティングに憧れたものだ。「イ

ンテリア雑誌の仕事がしたい」と漠然と考えるようになった。けれど、これまたどうしたらいいかわからない。そこで、中学生の頃からよく立ち読みをしていた『美しい部屋』(主婦と生活社)の編集部に電話をしてみることにした。今から20年以上前、インテリア雑誌といえば、『美しい部屋』か『私の部屋』か『モダンリビング』ぐらいしかなかったのだ。勇気を振り絞って電話をしたら、「じゃあ、何か今までやった仕事を持ってきてください」と言われ、え〜!! こんなに簡単に会ってくれるものなんだ! と驚いた。出向いた編集部で、何を話したかはまったく覚えていない。帰り際「じゃあ、何か企画を出してみてください」と言われたので、レポート用紙に企画をまとめファックスで送った。すると数日後に編集長から「1本小さなテーマをやってみますか?」と電話をもらった。こうして私は『美しい部屋』の仕事を少しずつやらせてもらうようになったのだ。

初めての仕事で、何より驚いたのは、その取材先を自分で見つけなければいけない、ということだ。私は当然、「ここに行ってきてください」と言われた家へ取材に行ってくればいいと思っていたのだ。それからが大変だった。編集部には、読者が自分の家の写真を撮って送ってくれたファイルがあった。朝から晩まで編集部の小さなテーブルで、そのファイルをひっくり返し、テーマに合いそうな家へ電話して、下見に行き、写真を撮らせてもらって編集長に見せてOKをもらう……。それでも見つからなかったら、ものすご〜くご無沙汰している友人に突然電話をかけ、びっくりされながら、「こんな取材があるんだけど……」と相談してみる。四苦八苦しながら、なんとか取材先を見つけて初取材となった。インテリア雑誌ならではの写真の撮り方のルー

ルや、取材が終われば、フィルムのポジを切って編集者に内容を説明することや、ページにはキャッチやリードが必要ということや、フリーランスのライターは1ページいくら、というギャランティーをもらうということなどを学んだ。そして、知ったのは、ライターというのは、原稿を書くことだけが仕事じゃないということだった。

自分が担当したテーマが面白ければ、次にまた仕事がくる。もっと面白くなれば、担当するページが増える。ページが増えればギャランティーがアップする。そんなしくみの中で働きながら「なるほどフリーランスで仕事をするってこういうことなのか」とわかってきた。いい企画を出すためには、自分の引き出しを増やさなければならない。当時私は離婚をしてひとりで生きていかなければならなくなった。生活費はいつもギリギリだったけれど、その中から無理やり算段し、あちこちのセミナーに通うようになった。初めて収納カウンセラーの飯田久恵さんのセミナーに行ったときには、大感動して帰ってきたものだ。今では収納特集でお題目のように書かれている「収納とは、自分の『いる、いらない』を判断すること」というセオリーに、「なるほど～。収納ってただしまうだけじゃないんだ！　自分の人生を見直すことなんだ！」と興奮しまくったことを覚えている。そして、これを壮大な企画書にまとめて提出したのだ。今ではインテリアページではなくてはならない「収納」というテーマも、当時はまだあまり取り上げられていなかった。自分が考えた企画が、「自分で作るシステム収納」という特集としてまとまったページになったとき、自分の中身と雑誌とが、血管でつながったような気持ちになった。自分で知ったもの、感じたこと、得たものを、雑誌で表現することができる。この経験が、私がこの仕事の面白さにはまる第一歩だったのだろうと思う。

『美しい部屋』は2か月に一度の雑誌だったので、それだけでは食べていけず、知人に紹介してもらって、ガイドブックの仕事も並行して手がけるようになった。ラーメン特集や寿司屋特集で、一日5〜6軒を回り、「もう鼻からラーメン出る〜」「お寿司は当分見たくない」とブツブツ言いながら原稿を書いた。離婚前の仕事の経験を活かして受けたオーストラリアやハワイのガイドブックの仕事は、大抵がカメラを持ってひとりで行かされた。現地に着いて、飛び込みで取材をし、自分で写真を撮ってくる。海辺のシーフードレストランなどでは、料理を1品作ってもらって写真に撮ると、必ず「食べていけば?」とイケメンのウェイターがにこやかに誘ってくれた。けれど、ふとあたりを見渡すとテーブルにはキャンドルが灯り、ほとんど全員がカップルで食事中。「次の取材があるから」と断って、フードコートに立ち寄っておかずを買ってホテルに帰ってひとりで食べた。サーファーズパラダイスやワイキキビーチ近くの安ホテルで「どうして私、こんなところにいるんだろう」と思ったものだ。

どんな場所にも「生活」がある

『美しい部屋』の仕事に慣れてくると、だんだん欲が出てきて「もうちょっとおしゃれな雑誌のインテリアページがやってみたい」と思うようになった。当時『美しい部屋』といえば、窓辺にフリフリのレースのカーテンをあしらい、レンガ模様のカッティングジートでキッチンをリメイクして……と、いわゆる「コテコテの」インテリア

が多く、生活感満載の雑誌だったのだ。『LEE』みたいな、センスのいい、みんなが憧れるようなインテリアページを作ってみたい」と思っていた。でも、今振り返ると、どんな雑誌より、あの『美しい部屋』の仕事が私にとっての財産になったのだなあと思う。いたって普通の家庭を北海道から沖縄まで訪ね歩いた経験は、日本のどんな街のどんな場所にも「小さな暮らしと小さな幸せ」がある、と実感させてくれた。社宅の狭い部屋のカフェカーテンを1枚取り替えるだけでワクワクする……。あのカーテンは、明日を変える力を持っていた。インテリアの取材とは、センスがいい素敵な家を紹介するだけじゃない。そこで暮らす人の、よりリアルな実感を伝えたい……。それは、今の私の仕事の原点でもある。

その後、インテリアだけではなく、器や暮らしの道具にも興味を持つようになった。2000年になった頃、今までとは少し違うタイプの作家さんが出てきて、「ギャラリー」というものがポツポツと生まれ始めていた。ギャルリ百草の安藤雅信さん、木工作家の三谷龍二さん、塗師の赤木明登さん……。当時、みんな雲の上の人のように思えて、取材を依頼するときにはドキドキした。ものを作る人は、みんな暮らしも素晴らしくて、その真似をしたくなった。この頃から、ギャラリーや店を巡っては器を買うことに夢中になったのだ。当時は、ただ有名作家の器を買うことが楽しかった。料理を作って、買ってきた器に盛りつけ、友人を招く楽しさも知った。そんなワクワクは、のちに『一田食堂』(主婦と生活社)という著書を出すきっかけとなった。けれど、だんだん食卓に「これは○○さんの器、こっちは○○さんの」と名前をつけた器を並べることに疲れてきた。それよりも、肉じゃがや大根の煮物など、普段のおかず

が似合えばいい……。こうして器を買い続けて数年後、やっと「ご飯がおいしそうに見える器を」という自分のものさしを手にするようになっていた。

仕事の幅も少しずつ広がっていった。『オンレジページ』『レタスクラブ』『グラツィア』、そして念願の『ＬＥＥ』や『メイプル』など。新しい仕事が始まるのは、相変わらずの「正面突破」か、少しずつ広がってきた人の縁かのどちらかだった。その中でも、特に深く関わったのが、今はもう廃刊になった小学館の『マフィン』だ。出版社が変われば仕事の仕方も変わる。小学館では、フリーのライターが、編集を丸ごと任されるというスタイルだった。デザイナーへのデザインの発注も、印刷所への入稿も、最後の校了もすべて手がける。当然仕事量は膨大になり、私はほとんど小学館の社員かのように、編集部に出入りしていた。明け方まで校了の作業をし、タクシーで自宅へ戻ってシャワーを浴び、そのまま羽田へ駆けつけて地方出張へ、というアクロバティックなスケジュールをこなしていたのもこの頃だ。

欠点を仕事に使う

ここで、私は「基本をはずす」というページ作りを教えてもらった。『美しい部屋』は基本に忠実に、部屋の隅々まで見えるように写真を撮り、わかりやすく住人の思いを説明する。けれど、『マフィン』はインテリア誌ではないので、まずはインテリアのページで「手をとめて」もらうことが必要だったのだ。つまり、いかに読者を「ハッ」とさせるか。人物がぶれている写真をあえて大きく使ったり、部屋全体ではなく、ドアごしに部屋の雰囲気を覗き見るような奥行き感のある写真を効果的に配置したり。タイトルやキャッチも、人の心にグッと刺さる言葉を考える。

今までと違うやり方で仕事をするとき、人の心には摩擦が起こる。どうしても、最初に学んだ方法を「正しい」と思い込んでしまうのだ。私も長年『美しい部屋』で刷り込まれた方法から脱するのにずいぶんもがいた。でも、ときに相手の〝言いなり〟になってみるのもいい勉強になる。自分を一旦まっさらにして、相手が何を望むのかに耳を傾ける……。そうやって再度ゼロから組み立ててみると、自分の中にもう1本、まったく違う色の軸ができる。それは、前から持っている軸と違う色の方がいい。一旦築き上げた軸は、その後「今日は黄色ね、明日は緑ね」と使い分けることができるのだ。

30代半ばがいちばん忙しい時期だったように思う。あっちの出版社、こっちの出版社と駆け回り、仕事が増えていくことが誇らしかった。仕事が増えるにつれ、つらいこともあれこれあった。あるとき、ずっと担当させてもらっていた雑誌の仕事がだんだん減っていった。担当の編集者と波長が合わなくなってきた。「イチダさんは飽きっぽいからね」と言われ、その言葉がぐさりと胸にささった。確かにその通りだったからだ。私は三日坊主で、根気がない。「どうしたら、この性格を直すことができるだろう……」とずいぶん落ち込み、悩んだ。

今でもそうだが、私は優等生気質で人の目を必要以上に気にするタイプ。そんな自分がずっといやだった。フリーライターは、仕事を「いただく」立場だ。だから編集者が「あれ、いいですよね」と言えば、私もそれに合わせて「いいですね～」と相槌

を打つ……。今では歳をとったから、「これがいいんじゃない?」と言えるようになったけれど、若い頃はずっと相手に合わせて色を変えるカメレオンだった。

自分の短所を「まあ、しょうがないか」と思えるようになったのは、ごく最近のことだ。たまたま読んでいた本で「短所こそ、その人のオリジナリティだ」という一言を見つけたとき、ああそうか、と救われた気分になった。直しても直しても、直らない欠点は、自分の個性として受け入れればいい……。友人は「編集者は三日坊主じゃないとやってられないよ。次々新しいことを見つけなくちゃいけないんだから」と言ってくれた。「人の目を気にする」という欠点は、「人が何を望んでいるか」に敏感になる、ということでもある。取材相手が何を思って、何を言おうとしているか。雑誌の読者が何を求めているか……。私は今、自分の「欠点」を使って仕事をしている。

あちこち駆け回って仕事をしていた頃、ある日夜遅くに自宅に帰って、部屋を見渡して呆然とした。使ったものは出しっぱなし。あちこちに埃がうっすら積もり、せっかく買ってきた器も食器棚に入れたまま一度も使っていない。インテリアや暮らしまわりの取材をしているのに、いつしか自分の一日からは「暮らし」がすっぽり抜け落ちていた。それから、少し仕事のペースを緩めることにした。「とにかくたくさん」と仕事をしていた頃は、すべてが効率重視だった。新しい店ができたと聞けば、タクシーで乗りつけて、運転手さんに待っていてもらい、くるりと店内を見て「よし、わかった」とまたタクシーで次の場所に向かう……。そんなやり方では、すべては「情報」としてしか蓄積できない。その場所へせっかく行っているのに、何も感じることなく、コミュニケーションもしていなかったのだ。情報だけを集めていると、どんどん自分が疲弊してくる。「わあ、いいなあ」と感じ、心が動いてこそ、それがエネルギーになる。仕事をスローペースにしてからは、「すべて」を知らなくてもいい、と思うようになった。本当に気になるところだけに行ってみる。行けば店主と話し込んだり、「あそこもいいよ」と聞いて寄り道したり。そんな中から生まれたのが、私の初めての著書『扉をあけて、小さなギャラリー』(主婦と生活社)だった。

『暮らしのおへそ』を立ち上げた後、自然に1冊丸ごと手がける仕事が多くなってきた。40代以上の女性のためのおしゃれの本『大人になったら着たい服』、雑誌『天然生活』別冊のインテリア誌『暮らしのまんなか』、そのほか書籍、雑誌の仕事も続けている。でも、相変わらず、5年先、10年先のことなんてまるでわからない。何歳まで仕事をするのかも、これから先どんな仕事をするのかも……。早く悠々自適な生活がしたい、なんて言いながらも、やっぱり私は仕事が好きなのだ。目下の興味は、50歳、60歳と歳を重ねた自分が何に興味を持ち、何を仕事に変換していけるか……。

計画性ゼロで、目の前にやってきたことに、心を尽くして向き合う……。それが私の仕事の仕方だった。仕事は私自身を映す鏡となって、自分の在り方を教えてくれた。今日もパチパチとマッハなスピードでパソコンを打つ。私が会い、感じ、考え、体験してきたすべてのことが土壌になって、指先から文章が生まれてくるように思う。

一田憲子（いちだのりこ）
1964年生まれ。編集者・ライター。OLを経て編集プロダクションへ転職後、フリーライターとして女性誌、単行本の執筆などで活躍。企画から編集までを手がける暮らしの情報誌『暮らしのおへそ』『大人になったら着たい服』（ともに主婦と生活社）は独自の切り口と温かみのあるインタビューで、多くのファンを獲得。全国を飛び回り、著名人から一般人まで、これまでに数多くの女性の取材を行なっている。

写真／中川正子（OWL）
デザイン／渡部浩美
校正／西進社

「私らしく」働くこと

自分らしく生きる「仕事のカタチ」のつくり方

2015年7月15日　初版第1刷発行
2015年8月10日　第2刷発行

著者　一田憲子
発行者　中川信行
発行所　株式会社マイナビ
〒100-0003
東京都千代田区一ツ橋1-1-1パレスサイドビル
TEL　0480-38-6872（注文専用ダイヤル）
03-6267-4477（販売部）
03-6267-4403（編集部）
URL　http://book.mynavi.jp

印刷・製本　大日本印刷株式会社

ISBN978-4-8399-5498-7